EM BUSCA DA FELICIDADE
Dez Histórias

EM BUSCA DA FELICIDADE
Dez Histórias

Dulce Maria Cardoso / João Tordo / José Luís Peixoto
Lídia Jorge / Maria Antonieta Preto / Maria do Rosário Pedreira
Ondjaki / Patrícia Reis / Pepetela / valter hugo mãe

D.QUIXOTE

Publicações Dom Quixote
[Uma editora do Grupo Leya]
Rua Cidade de Córdova, nº 2
2610-038 Alfragide • Portugal

Design de colecção: Atelier Henrique Cayatte

Este livro foi composto em Rongel,
fonte tipográfica desenhada por Mário Feliciano

Revisão: Clara Joana Vitorino
1.ª edição: Novembro de 2009
Paginação: Júlio de Carvalho – Artes Gráficas
Depósito legal n.º 300 954/09
Impressão e acabamento: Mirandela – Artes Gráficas, S. A.

ISBN: 978-972-20-3940-6

www.dquixote.pt

A MOSCA E O COPO DE VINHO ROSÉ

Dulce Maria Cardoso

Dulce Maria Cardoso recebeu em 1999 uma bolsa de criação literária do Ministério da Cultura para escrever *Campo de Sangue*. Este romance foi distinguido com o Grande Prémio Acontece. Publicou em 2005 o seu segundo romance, *Os Meus Sentimentos*. Em 2008 publicou *Até Nós*, colectânea de contos, e, em 2009, *O Chão dos Pardais*, sempre pela Asa.
Os seus romances estão publicados em França, Brasil, Argentina, Espanha, Itália e Holanda.
Em Julho de 2009 recebeu o prémio da União Europeia para a Literatura.

Xavier enxotou a mosca. O resto do vinho rosé que ele e Júlia já não iam beber aquecia no fundo dos copos. A mosca pousou no bordo de um dos copos. Desta vez Xavier não a enxotou. Júlia também não.

Tinham acabado por passar a tarde na esplanada. Mudaram várias vezes a inclinação do guarda-sol que lhes dava sombra. Com a tarde a chegar ao fim, o guarda-sol tornava-se uma rodela de pano inútil por cima deles mas nem Júlia nem Xavier o fecharam como fizeram os outros veraneantes que ocupavam as outras mesas de plástico da esplanada.

A garrafa de vinho estava vazia a meio da mesa com o rótulo de papel amolecido pelas gotas que se tinham formado à medida que fora aquecendo. Os pratos, com talheres dispostos paralelamente, tinham sido desviados para os lados da mesa. Em cada um deles um guardanapo de papel verde-escuro cobria os restos de comida e ia-se ensopando devagar.

Júlia e Xavier sabiam que demoraria muito até que o empregado levantasse a mesa e desse resposta a qualquer outro pedido que pudessem querer fazer. Era sempre assim. O tempo ali existia de forma diferente.

Júlia tinha um pano azul-clarinho apertado com um nó atrás do pescoço por cima do fato de banho. A pele de Júlia parecia ainda mais bronzeada contra a suavidade do pano azul que ia até aos pés. Os cabelos pretos de Júlia, que tinham secado com o sal do banho no mar, tinham-se encaracolado, descuidados. Xavier tinha uma camisa branca de linho muito fino e calções de banho largos aos quadrados. A pele estava bronzeada mas bastante menos do que a de Júlia. A pala do boné de basebol americano escondia-lhe os olhos. Tinha dois dentes encavalitados que só se viam quando sorria e que juntamente com o boné o faziam parecer um rapaz que tinha envelhecido subitamente.

Xavier pegou na pequena máquina fotográfica que estava pousada na mesa e começou a tirar fotografias. A ria vazava vagarosa uns metros à frente do estrado de madeira que fazia de chão da esplanada. Júlia esticou as pernas, atléticas e ágeis, para alcançar a trave da cadeira que estava em frente, onde apoiou os pés descalços.

– Mais um dia de férias perfeito – disse Júlia, olhando para a ria. – Tenho de tomar um café. Estou tão sonolenta. Não devia ter bebido tanto vinho.

Paralela ao horizonte, uma avioneta atravessou o céu, esticando uma faixa atrás de si onde se lia, em letras muito grandes, ser feliz é estar distraído.

– Estarão a fazer publicidade a quê? – perguntou Júlia.

– Espero que não seja a cursos de pilotagem. Nem a cartas de condução – brincou Xavier. Júlia sorriu. – Sempre queres ir ao cinema hoje à noite?

– Claro. Estás com medo de perder a aposta? – perguntou Júlia, desafiadora.

Xavier voltou a máquina fotográfica para Júlia e disparou.

– Tenho a certeza de que ele diz: I have a love in my life. It makes me stronger than anything you can imagine – garantiu Xavier, teatralizando muito as palavras e fazendo Júlia rir-se.

– Não – disse Júlia espetando o indicador da mão direita e movendo-o de um lado para o outro. – Não, nem pensar. Ele diz: tenho um sonho. I have a dream in my life. Tu sabes que tens uma péssima memória. Nem sequer te lembras da história do filme.

– Pois não. Mas tenho a certeza de que o que ele diz é: I have a love in my life. E a minha memória não é má: é selectivo-sintética – corrigiu Xavier, brincando. – Eu tenho um amor na minha vida – recomeçou ele, fazendo desta vez uma voz ameaçadora e cerrando os olhos de forma insinuante. – Serás vencida e tratada impiedosamente.

O cinema era ao ar livre e os que lá iam faziam-no mais para partilhar a satisfação de estarem de férias do que por causa do filme. Além de que as casas eram em geral quentes e todos os pretextos serviam para estar fora delas. E de que as raparigas se punham bonitas para irem aos filmes. E de que no intervalo havia o vendedor de gelados espanhóis. E de que às vezes o projector avariava e o dinheiro do bilhete era restituído em crédito de dois bilhetes para compensar a maçada. Qualquer uma destas razões era, em geral, mais válida para ir ao cinema do que os filmes, que eram sempre antigos.

– Devia ser obrigatório envelhecer a sul e perto da água – disse Júlia.

– E se o plano for nunca envelhecer? – perguntou Xavier.

– Tarde de mais para aderires a esse plano.

– Não sei como consegues ser tão cruel. – Xavier fingiu-se magoado. – Como é que consegues dormir? Sempre pensei que era preciso ser-se minimamente bondoso para se conseguir adormecer.

– Vamos viver até aos cem anos. Vamos ser tão velhos que já nem seremos capazes de falar.

– Esse é que não me parece nada um bom plano – respondeu Xavier. – Tenho a certeza de que és capaz de imaginar um final mais feliz para nós.

– Não é mau deixar de falar quando já não se quer dizer nada. Ou quando já não é preciso dizer nada. É por isso que os velhos desaprendem a falar. A justificação para os velhos desaprenderem a falar é a mesma por que as crianças aprendem.

Júlia reparou que a mosca caíra dentro do resto de vinho rosé e que tentava em vão trepar pela parede do copo. Achou estranho que não se ouvisse a mosca zumbir. Xavier acompanhou o olhar de Júlia e ocorreu-lhe que seria interessante apurar se as moscas também se embebedam.

O chilrear do bando de pássaros que levantou voo do verde-amarelado do sapal sobrepôs-se à música que chegava à esplanada vinda de dentro do café. Como o bando voava muito rápido e muito rente à água da ria, o seu reflexo dava a ilusão de que um cardume veloz de peixes negros se preparava para aventurar-se fora de água.

– Não consigo suportar tanta beleza – disse Júlia. – Fico com a sensação de que tenho de fazer alguma coisa mas não sei o quê. Tem de se fazer alguma coisa perante tanta beleza, não achas?

– Não – respondeu Xavier, observando um grupo de veraneantes que regressava da praia. – Acho que não tem de se fazer nada. Absolutamente nada.

O grupo iniciava a travessia da ria, vindo do outro lado, onde estava o mar. Caminhavam com os braços ao alto para não molharem as toalhas e sacos que carregavam. Na maré baixa, a ria podia ser atravessada a pé mas Xavier nunca o fazia por recear os fundões que todos garantiam existir. Júlia, pelo contrário, atravessava a ria todos os dias, mesmo durante a maré alta e com correntes fortes. Era uma excelente nadadora e ao longo dos anos ajudara vários banhistas que se tinham visto em apuros quando se puseram a atravessar a ria ou se atreveram mar adentro.

Uma das mulheres do grupo tropeçou, molhando a toalha e deixando cair a pequena geleira que trazia na mão. Os gestos desastrados da mulher, que tentava recuperar a toalha e a geleira, fizeram rir os companheiros.

A mulher ainda se queixou mas logo começou também a rir-se.

– Não me parece possível não ter de se fazer nada. – Júlia olhava para o sapal como se estivesse à procura de uma coisa específica. – Às vezes esta beleza toda angustia-me.

– Sinto isso cada vez que olho para ti – disse Xavier piscando-lhe o olho.

– Estou a falar a sério. – Júlia afastou os caracóis que lhe tinham caído para a cara. – Fico insegura perante tanta beleza. Não consigo deixar de pensar em todos os meus defeitos e em todas as minhas limitações. É como se aqui os meus defeitos e falhas se tornassem mais evidentes e menos desculpáveis. Ou como se exigissem uma correcção.

Xavier tirou outra fotografia. Escolheu a parte onde a ria recuava ligeiramente expondo molhos enormes de limos castanhos e verdes.

– Tens razão. É tudo belo. Belíssimo. – E depois voltando-se para Júlia, provocador: – Mas só reconhecemos o que existe dentro de nós. A ideia de beleza que te permite reconhecer esta beleza tem de existir primeiro dentro de ti. Portanto não é o que te rodeia. És tu.

– Oh, não, por favor não. – Júlia fingiu-se entediada.

– E se a minha mulher me desse um beijo?

– E por acaso mereces um beijo?

– Não sei. Mas sei que vou tê-lo. I have a love in my life – lembrou Xavier, ameaçador. – É o poder que tens que determina o que alcanças, não o merecimento. Tens de concordar com isso.

Xavier começou a rir-se e Júlia também.

– Concordo que és um grande idiota.

O grito da criança foi tão estridente que os assustou. A criança era uma das filhas da família que ocupava a mesa ao lado da deles. A família era composta pelo pai, mãe e as duas filhas. Uma das meninas era diferente. As duas meninas eram quase do mesmo tamanho, pouco mais altas do que as mesas de plástico branco. A menina que não era diferente tinha estado a brincar com o cabelo da irmã e tinha-lhe feito dois totós. A menina que era diferente também quis fazer totós à irmã mas puxou-lhe muito o cabelo, o que fez com que esta gritasse. Quando os pais conseguiram convencer a menina que era diferente a desistir de fazer os totós à irmã, ela afastou-se e foi agarrar-se à mesa onde Júlia e Xavier estavam sentados. Os pais chamaram-na mas ela não obedeceu.

– Não tem importância – disse-lhes Júlia. Voltando-se para a menina que era diferente, perguntou-lhe: – Como é que te chamas?

A menina que era diferente não respondeu. Fixava atentamente o copo com o resto de vinho rosé onde a mosca continuava a debater-se. Aproximou muito a cara do copo e com um dedo papudo apontou o sítio onde a mosca estava do outro lado do vidro.

– Peixe – disse a menina que era diferente. Depois olhou para Júlia e Xavier e com um gesto rápido despejou o copo para dentro de um dos pratos.

Mandada pelos pais, a menina que não era diferente aproximou-se da irmã e puxou-a uma vez e depois outra e ainda outra com mais força porque a menina que era diferente continuava muito interessada a olhar para a mosca no meio do guardanapo verde-escuro encharcado de vinho.

Ao princípio os movimentos da mosca não eram coordenados. Certamente por estar zonza. Mas pouco depois a mosca começou a mexer de forma certeira e rápida as patas dianteiras, esfregando ora com uma pata, ora com outra, ora com as duas concertadas, a cabeça e o resto do corpo peludo.

– Gatinho – disse a menina que era diferente, fixando a mosca.

A menina que não era diferente conseguiu finalmente levar a irmã de volta para a mesa dos pais.

A mosca pôs-se a arranjar as asas com bastante agilidade. Júlia e Xavier olhavam-na, confundidos. Xavier sentiu-se impelido a fotografar a mosca. Enquanto escolhia um ângulo possível para a fotografia, pensou, é claro que uma mosca encharcada não consegue trepar a parede de um copo e morrerá afogada. Júlia abriu e fechou as mãos várias vezes como se as sentisse adormecidas. Pensava, quando é que deixámos de nos importar?

Ficaram os dois em silêncio. A avioneta passou no sentido contrário. Por fim, Xavier disse:

– Está a fazer-se tarde. Vamos?

– Sim – respondeu Júlia, decidindo-se, enérgica. – Enquanto pagas vou dar um mergulho ao outro lado. Não demoro nada, está bem?

Levantou-se e começou a andar em direcção à ria. A meio voltou para trás como se se tivesse esquecido de alguma coisa. Abeirou-se do ouvido de Xavier e sussurrou:

– I have a dream in my life.

Caminhou novamente em direcção à ria. Atravessou-a e dirigiu-se para o mar. Xavier não a perdeu de vista até ela desaparecer lá longe onde a areia da praia escondia a beira do mar.

ELSA

João Tordo

João Tordo nasceu em Lisboa, em 1975. Formou-se em Filosofia e estudou Jornalismo e Escrita Criativa em Londres e em Nova Iorque. Trabalha como guionista e cronista, depois de ter passado pelo jornalismo. Foi vencedor do prémio Jovens Criadores em 2001. Publicou, entre outros, no *Jornal de Letras*, *Egoísta*, *O Independente*, *ELLE*, *Ícon*, *Semanário Económico*. Publicou três romances, *O Livro dos Homens sem Luz* (2004), *Hotel Memória* (2006) e *As Três Vidas* (2008).

Em meados de 1994, quando a minha filha Bia tinha dois anos e vivíamos numa rua silenciosa no Norte de Londres, eu e a minha mulher travámos conhecimento com uma vizinha. Esta vizinha crescera na Polónia e tornámo-nos amigos com grande facilidade; talvez porque todos fôssemos estrangeiros naquele país, talvez porque todos fôssemos novos; suspeito que o encanto pouco habitual da nossa família também tivesse ajudado. Eu sou branco, mas a minha mulher Adina é escura, e Bia, a nossa filha, é mestiça; nessa altura, os três formávamos um conjunto implausível mas universal, uma espécie de prova da existência de um Deus com gostos heterogéneos. A vizinha chamava-se Elsa Grotski e tinha vinte anos quando a conhecemos. Veio tocar-nos à porta, eu abri-a e convidei-a a entrar. Gostei imediatamente dela, e ficou para jantar nessa mesma noite.

«Há quanto tempo estás à espera de criança?», perguntou Elsa à minha mulher, enquanto comíamos à mesa da cozinha. Era inusitado: Adina era muito magra e usava roupas largas, e só através de uma exacerbada intuição feminina poderia Elsa ter adivinhado uma gravidez tão recente.

«Vai nascer em Fevereiro», respondeu Adina, sorrindo.

Elsa olhou-me. «Aposto que queres um filho desta vez.»

«É-me indiferente», respondi, embora mentisse.

Elsa fez muitas perguntas a Adina sobre a sua vida e a minha mulher respondeu com toda a paciência, como sempre fazia quando a questionavam sobre as suas origens. Sim, Adina era um nome judeu; sim, tinha uma mãe de raça negra e um pai israelita, e era portanto africana e judia, embora no que respeitava ao tom da pele os genes maternos tivessem ficado a ganhar.

«Mas sou forreta como o meu pai», gracejou. «Na altura do *pessach*, não sacrificamos um cordeiro, apenas umas quantas costeletas.»

Adina brincava, mas a verdade era que vivíamos com dificuldades. Eu ganhava o salário de um jornalista em princípio de carreira, trabalhando das nove às cinco na redacção de um jornal de política internacional e, ocasionalmente, quando conseguia um furo, escrevia um artigo ou outro para o *Guardian* ou o *Spectator*. Tínhamos uma filha muito nova, Adina estava novamente grávida e a casa onde vivíamos era arrendada; pagávamos a renda a horas e, de certa maneira, sentíamo-nos livres – ou tão livres quanto um casal com um filho e meio se pode sentir.

Uma noite, em Julho do mesmo ano, Elsa apareceu para me visitar. Sei precisamente o mês e o dia, porque o Brasil acabara de se sagrar campeão do Mundo, e eu acompanhara o jogo pela televisão; Bia fora ao cinema com Adina ver *O Rei Leão* pela terceira vez e eu sentei-me em frente do televisor com um copo de vinho para ver o futebol. Elsa tocou à porta por volta das dez da noite; mal sabia eu que aquela não era uma visita de cortesia.

Fomos para a cozinha e sentámo-nos à mesa alta, junto da janela, as árvores no jardim das traseiras cheias de folhas novas. Estava calor e Elsa usava uma camisola de alças branca; o cabelo estava tão grande que lhe chegava a meio das costas, uma cascata de tons vermelhos e amarelos. Perguntou-me por Bia e Adina.

«Foram ao cinema.»

«Não quiseste ir com elas?»

«Havia o futebol. Para além disso, quantas vezes é que se pode ver *O Rei Leão* sem vomitar?»

Elsa voltou a sorrir, mas olhava-me atentamente.

«Que é feito de ti?», perguntei-lhe.

Encolheu os ombros. «Ando para cá e para lá. O costume. O trabalho no East End cada vez me ocupa mais tempo, e com uma tese de mestrado para entregar às vezes sinto que não consigo manter-me à tona. Tenho, sobretudo, muito sono. A toda a hora.»

«E o que é que aconteceu ao teu namorado, o não-sei--quantos?»

«Diz-me tu», gracejou ela. «Suspeito de que eles passem pela tua porta a caminho do metro.»

Rimos mais um bocado, e falámos durante algum tempo sobre nada, até que Elsa me fez um convite.

«Estarias interessado em escrever um artigo sobre um pobre coitado que sofreu mais do que qualquer outra pessoa que tu tenhas conhecido?»

Olhei-a sem compreender.

«Estou sempre interessado por boas histórias.»

«Bem, olha, esta não é uma *boa* história. Quando muito, é uma história sinistra, de partir o coração, de fazer sangrar a humanidade.»

«Também serve.»

Elsa apagou o cigarro e acendeu outro logo em seguida.

«Chama-se Joaquim, mas mudou o nome para Ahmad Abdul Samir e vive em Bethnal Green. Nasceu em Moçambique, mas o pai era do Senegal, e converteu-se ao islamismo quando tinha dezoito anos.»

«E o que é que faz dele uma vítima?»

«Se eu te contar não terá a mesma força. Basta que te diga o seguinte: vai ver como ele vive, e isso, por si só, já constitui uma história.»

Hesitei.

«Sabes que não é fácil convencer o *Guardian* a publicar coisas dessas, a menos que exista uma óptima razão. O país está cheio de pobres refugiados.»

Elsa expirou o fumo, que encheu o ar estagnado da cozinha.

«Então e se eu te disser que, se ninguém escrever acerca dele, o mais provável é que acabe morto, sem que ninguém tenha conhecimento de que alguma vez existiu?»

«Estás a pedir-me que o salve?»

«Estou a dizer-te para o conheceres, só isso. Depois decides se o artigo vale ou não a pena.»

Elsa espicaçou-me a curiosidade, mas permaneci relutante.

«Vá lá», disse ela. «Há quanto tempo é que não fazes nada *pro bono*?»

Demorei algum tempo a aceder ao pedido. A minha vida familiar ocupava-me muitas horas e, entre um artigo e outro, entre um problema quotidiano, a sua solução e o problema seguinte, por vezes era impossível dormir uma noite completa de sono. Bia começara a ter pesadelos com grande frequência e, muitas vezes, acordava a meio da noite e chorava sem parar. Era Adina, grávida, quem sempre se levantava para a ir consolar e, para grande consternação minha, acabava por trazê-la para a nossa cama, onde dormia no espaço exíguo entre os nossos corpos. Recordo, com grande tristeza e vergonha, uma noite em que Bia começou a chorar quinze minutos depois de eu me ter deitado. Tinha acabado uma reportagem longa para o *Spectator* sobre os primeiros dezoito meses do mandato de Bill Clinton e encontrava-me exausto, cheio de dores de cabeça e incrivelmente arisco. Adina levantou-se assim que Bia deu sinal.

«Deixa-a chorar», disse eu, cruelmente. «Vai ter de parar mais cedo ou mais tarde.»

Adina não respondeu e foi ao quarto da criança. Enrolei-me nos cobertores e decidi ignorar a situação. Adina voltou com Bia e desligou a luz. Sei que adormeci, mas ainda não entrara no território dos sonhos quando Bia começou a chorar outra vez. Perdi as estribeiras, destapei-me e levantei-me da cama.

«Vê se a metes na ordem», disse a Adina, muito irritado. «Esta merda já está a passar dos limites.»

Adina ficou a olhar-me, perplexa, enquanto eu vestia uma camisola grossa e saía do quarto. Ao descer as escadas, cego pela fúria, ouvi Bia continuar a chorar, lá em cima. Fui-me deitar no sofá da sala, onde dormi nessa noite.

Em Dezembro de 1994, depois de dois telefonemas de Elsa, acabei por ir visitar Joaquim «Samir» a Bethnal Green. Na altura esse bairro era pobre – muito mais do que é hoje – e a tristeza das suas ruas apenas comparável à tristeza nos olhos daquele moçambicano, que abandonara a miséria do seu país para ir ao encontro de uma miséria maior e insuspeita em Inglaterra. Eu já visitara alguns lugares tenebrosos em Londres, mas Samir vivia, de longe, no pior dos degredos. Ficava no piso superior de um antigo edifício de habitação social, escuro e absolutamente pútrido, cujas escadas cheiravam intensamente a urina, as paredes cobertas com várias camadas de *grafitti*. Não existia porta de entrada, que há muito fora arrombada e substituída por uma placa de metal azul (também grafitada), onde alguém escrevera *nigger cunts*.

Subi ao segundo andar numa manhã gelada e sombria. Passei por um corredor com inúmeros apartamentos dos quais emergiam as vozes temerosas de indianos e africanos, os sotaques fortes e cerrados, também as paredes cobertas de insultos. A porta de Samir era a pior. Ficava no final do corredor, um beco sem saída com um enorme símbolo nazi desenhado na porta. Cheirava a morte. Tapei o nariz e bati na porta com os nós dos dedos. Samir veio abrir e convidou-me a entrar.

A tristeza nos seus olhos contrastava com o sorriso no seu rosto. Era um tipo alto, muito magro, de uma cor de ébano que reluzia mesmo à luz mortiça daquela manhã deprimente. Faltavam-lhe três dentes da frente. Falámos um pouco em português, e depois Samir insistiu no inglês, uma vez que precisava de praticar. As condições em que vivia eram estas: ele e outros sete africanos partilhavam um apartamento de duas pequenas divisões, as camas meros colchões espalhados pelo chão; alguns ainda dormiam àquela hora, tapados até à cabeça com cobertores.

«Também cheira muito a esgoto», acrescentou. O ar no interior do apartamento era quase irrespirável.

Insisti para o levar a um café e lhe pagar um pequeno-almoço, mas ele recusou. Não saía de casa há algumas semanas; eram os amigos quem lhe comprava as refeições e outras coisas de que precisasse. Todos os dias rezava a Meca, num pequeno tapete que trouxera consigo de África. A instituição de solidariedade para a qual Elsa trabalhara pagava aquele apartamento e tinham-lhe prometido aulas de inglês – Samir alimentava o sonho de trabalhar como tradutor em Inglaterra. No princípio eram apenas dois, mas cedo outros amigos tinham aparecido, vindos de Moçambique e da Zâmbia, e a instituição de Elsa ficara sem fundos para os alojar. Viviam agora todos juntos. Não havia dinheiro para as aulas.

«Queres ser tradutor de quê?», perguntei-lhe.

«De qualquer coisa. Livros, conferências, televisão, rádio.» Parecia improvável, com um sotaque tão forte e tão cerrado. Depois explicou-me que, como ele, haveria poucos ou nenhuns naquele país: falava português, árabe, inglês, francês e *wolof*, a língua nativa do Senegal. Embora ainda lutasse com o inglês, bastar-lhe-iam dois meses de aulas para se tornar fluente.

«O problema é que não posso sair de casa para procurar trabalho», disse, com tristeza. Os seus olhos ficaram mortiços; tentou sorrir, mas claramente tinha vergonha dos dentes que lhe faltavam.

«Como é que isso te aconteceu?», perguntei. Referia-me aos dentes. Ele compreendeu, sorriu e depois convidou-me a sentar em dois bancos junto de uma mesa coberta de migalhas de pão. Não havia qualquer candeeiro dentro do apartamento e a única fonte de iluminação vinha do exterior. Depois Samir, com muita calma, em inglês e em português, explicou-me o que lhe acontecera desde que chegara a Londres.

«Eu vim porque um amigo me disse que aqui era o paraíso», explicou. «Em Moçambique vivia na província e não tinha trabalho, só como pedreiro e servente, e às vezes nem isso, tinha de pedir comida emprestada aos vizinhos.»

Sorri quando usou esta estranha expressão, mas Samir pareceu não reparar. «E eu sempre fui bom em línguas. Aos dez anos já falava francês e *wolof*, por causa do meu pai, e português, por causa da minha mãe.»

«Quando é que chegaste?»

Samir pensou e depois abanou uma das suas longas mãos, de unhas pálidas.

«Seis meses.»

«E tiveste algum trabalho desde então?»

«Tentei ir a um, mas não me deixaram.»

«Não te *deixaram*? Como assim?»

«Os homens não me deixaram.»

Respirei fundo, inalando o ar pútrido do apartamento; a um canto, um dos inquilinos destapou o cobertor, olhou-me e voltou a tapar-se. Samir parecia ter emudecido. Coloquei-lhe uma mão no ombro ossudo.

«Podes falar comigo à vontade», assegurei-o. «Quem são esses homens?»

No princípio, quando chegara, o apartamento parecera-lhe magnífico, quando comparado com as condições em que vivia em Moçambique – onde era apenas o Joaquim, mais um negro no meio de outros negros. Ali, em Inglaterra, as pessoas da instituição tratavam-no por *senhor Samir*, como ele gostava, de acordo com a sua religião; o senhorio do prédio, um velhote indiano chamado Ramsey, também o tratara com educação. Depois começaram os problemas, e Samir descreveu cada um dos encontros com os «homens» minuciosamente: as suas descrições eram confusas e crípticas, porém muito visuais. Tiveram início numa tarde em que um sol tímido se mostrara à cidade, e Samir saíra de casa para ir às compras ao supermercado mais próximo, a oito quarteirões de distância. Caminhava pelo lado direito da rua, passando junto de uma garagem com os estores corridos, quando a primeira pedra – um calhau enorme e pesado – lhe passou em frente dos olhos, por pouco não lhe acertando em cheio na cabeça. Samir parou, atónito, voltou-se para o outro lado da rua e viu-os: eram três homens novos, não poderiam ter mais de vinte anos, vestidos com fatos de treino escuros e ténis brancos. Tinham o cabelo rapado e os rostos pálidos cobertos de acne. Olhavam para Samir em poses desafiadoras. Este, sem compreender o que se passava, começou a atravessar a estrada para falar com eles.

«É melhor continuares a andar, preto», disse um deles, o mais baixo e corpulento, tirando do bolso uma navalha de ponta e mola. Samir parou ao ver a arma, e recuou novamente para o passeio.

«Por que é que me atiraram aquela pedra?», perguntou.

«*Por que é que me atiraram...*», repetiu outro deles, fazendo pouco do denso sotaque do africano. «Cala a boca, preto de um caralho.»

O rapaz mais baixo abriu o casaco do fato de treino e exibiu um tronco magro onde se encontrava tatuada, junto do peito, uma cruz suástica. Samir voltou costas e continuou a andar, ouvindo os insultos que lhe dirigiam enquanto dobrava a esquina, tentando não se mostrar amedrontado, mas sentindo por dentro que toda a felicidade luminosa que lhe enchera o coração ao chegar a Inglaterra era agora coberta por uma nuvem negra e rançosa, cheia de violência.

«E o que é que fizeste?», perguntei-lhe.

«Fui estúpido e chamei a polícia», disse, abanando a cabeça para um lado e para o outro, recriminando-se.

Dois dias depois, acreditando que o assunto estava sanado – a polícia aparecera e registara a ocorrência – Samir saiu de casa num final de tarde para uma entrevista num centro de emprego. Ainda não acabara de percorrer o corredor em direcção às escadas quando, das sombras, surgiram vultos que o atacaram. Puseram-lhe um saco na cabeça e deram-lhe uma pancada tão forte que o deixou inconsciente. Samir mostrou-me o lugar onde lhe tinham batido: uma cicatriz corria-lhe da orelha até à parte de trás da nuca.

Quando recuperou a consciência, estava no meio de um descampado, mas não se conseguia mover. Tinham-lhe batido e sangrava, não só da ferida na cabeça, mas ainda do olho esquerdo, que mal conseguia abrir. Tinham-no atado a uma árvore de tronco esguio com um rolo de fita adesiva. Olhou em redor: ao longe, muito distante, como uma miragem, viu o horizonte da cidade, inalcançável; tentou gritar por ajuda, mas um dos agressores – eram, desta feita, apenas dois, e usavam óculos escuros e bonés – aproximou-se e disse-lhe:

«Podes gritar à vontade, preto. Ninguém te ouve.»

Samir estava quase certo de que eram os mesmos da última vez, embora faltasse um. Porém, as roupas eram diferentes e, sem lhes poder ver os olhos, era impossível dizer com certeza absoluta. Lutou para se libertar, mas só conseguia mexer a cabeça, de onde lhe corria um fio ininterrupto de sangue. O descampado terminava, a norte, num arvoredo denso, para lá do qual se via uma estrada secundária. Não fazia ideia de onde estava. O segundo homem abriu o fecho de uma mochila e tirou, do interior, uma lata de gasolina. Samir começou a rezar a Alá.

«Preto e árabe», disse o homem com a lata. Depois sorriu para o outro homem. «São dois coelhos de uma só vez.»

Depois regaram-no com gasolina. Samir fechou os olhos e sentiu o líquido espesso, doce e amargo, descer-lhe pelo rosto abaixo e entrar-lhe para as orelhas, a boca, o interior da camisa. Deu-se por morto e, quando ouviu um dos homens – já não sabia qual deles, era incapaz de abrir os olhos – tentar acender um isqueiro, perguntou-se o que teria feito para merecer um fim tão dramático, e se a sua morte valeria alguma coisa. Estaria, no fundo, a morrer por alguma razão? Seria a sua triste história merecedora de um conto, de um livro, de uma religião? Seria ele, sem o saber, o primeiro de uma nova linhagem de mártires, que suportariam a dor e a tortura para que outros pudessem viver livres? Concluiu que não; que, sem família, num país que não era o dele, seria apenas uma notícia de rodapé num jornal; talvez viesse a existir um debate sobre a violência urbana, sobre o conflito racial, sobre a juventude perdida; mas ele, Ahmad Abdul Samir, nascido Joaquim Pereira dos Santos, seria tão rapidamente esquecido como uma nuvem de passagem.

E então, porque nada aconteceu, Samir abriu os olhos, lentamente, deixando que as pestanas carregadas de gasolina se descolassem. Os dois homens estavam à sua frente a fumar cigarros. Davam passas pequenas e expiravam para o ar, agitados, olhando-o com desprezo.

«Filho da puta do preto», disse um deles.

O outro apontou para Samir. «E agora, vais chamar a polícia?»

Samir tentou falar, mas não conseguiu. A garganta fechara-se-lhe de medo.

O rapaz mais baixo aproximou-se e tirou os óculos. Samir viu-lhe as pupilas dilatadas. Era o mesmo rapaz da vez anterior.

«Olha bem para mim, preto», disse ele. «Eu sou o teu dono, e tu és o meu escravo. Por isso não te quero ver nas minhas ruas. Não te quero ver nas minhas lojas, nem nos meus bares, nem nos meus autocarros. Entendes?»

Samir agitou a cabeça em sinal de concordância.

«Ou pego-te fogo. Juro que te pego fogo.» O rapaz deu a volta à árvore e Samir ouviu o som de uma navalha a cortar a fita adesiva. Soltaram-no, bateram-lhe e deixaram-no assim – ensanguentado, coberto de gasolina – no meio de uma estrada secundária a uma hora de distância de Londres.

Samir contou outras histórias tenebrosas, mas o essencial tinha sido dito. Nos meses que se seguiram, os agressores – por vezes eram três, por vezes apenas dois – apertaram o cerco até a situação se tornar insustentável. Samir ainda tentou, com grande esforço e coragem, levar uma vida normal depois do incidente no descampado, mas sempre que saía à rua para cumprir uma tarefa quotidiana, era avistado por um dos rapazes ou por amigos destes; aqueles miúdos eram filhos de lares desfeitos, *hooligans* sem remorsos cuja única missão na vida era o terror. Viviam na rua e conheciam todos os truques para escapar impunes. Samir foi espancado meia dúzia de vezes e, entre ossos e dentes partidos, acabou por se fechar permanentemente dentro do apartamento. O moçambicano, temendo voltar a chamar a polícia, telefonou a Elsa e confessou-lhe, em segredo, o terror que estava a viver, e Elsa levou o assunto aos administradores da instituição de caridade, que declararam a questão um quebra-cabeças insolúvel. Enviar Samir de volta para o seu país era uma hipótese que denunciaria o fracasso completo do sistema de acolhimento aos estrangeiros e que poria em causa as próprias fundações da instituição; e deixá-lo ali, à mercê da violência de um grupo de sociopatas de bairro, uma crueldade que apenas servia para expor a desigualdade social e o racismo que eram apanágios do East End londrino. Chamar a polícia estava também fora de questão, uma vez que, em casos anteriores, a situação acabara por se deteriorar de tal maneira, que os estrangeiros acabavam, muitas vezes, por ser investigados pelas autoridades – que descobriam passaportes falsos e a inexistência de vistos de trabalho, e os recambiavam para os países de origem. A missão da instituição era ajudá-los, e não o contrário, dissera um dos supervisores, e assim, como quase sempre acontecia, acabava por não se decidir nada. Elsa, furiosa com a situação, quis levar Samir para sua casa, mas este recusou as suas tentativas repetidas e desesperadas para o tirar dali; era naquele lugar que estavam os seus compatriotas, era ali que o destino queria que estivesse e, de uma maneira ou de outra, haveria de ultrapassar mais este obstáculo que Deus lhe pusera no caminho.

Escrevi a história de Samir e tentei vendê-la durante duas semanas aos jornais, sem qualquer sucesso. Depois, juntei-a à pilha de artigos que, por uma razão ou outra, acabavam por nunca sair do meu escritório e esqueci-a por completo. No final de Janeiro de 1995, contudo, Elsa telefonou-me e disse-me que precisava de me ver com alguma urgência, e encontrámo-nos numa pequena *patisserie* em St Paul's Road. A nossa relação de amizade tornara-se difícil de sustentar nos últimos tempos por causa da minha situação familiar: Adina e eu estávamos em ruptura e, por consequência, deixáramos de ter convidados em casa. Julgo que, a certa altura, Adina começou a imaginar que eu e Elsa pudéssemos ter um caso, mas nunca fez qualquer referência ao assunto. A ideia era tão descabida que nem sequer me preocupei em refutá-la, ainda para mais numa altura em que as palavras trocadas entre nós se limitavam ao essencial para manter o funcionamento quotidiano daquela família.

Nessa manhã encontrei uma Elsa triste e pesarosa. Estava um dia de sol, que entrava pelas janelas como uma bênção naquela cidade onde nunca havia luz, mas no rosto da rapariga havia a solidão de uma enorme mágoa. Perguntei-lhe o que se passava; sobre a mesa havia uma chávena de café e um *croissant* por comer. Elsa disse-me, em breves palavras, que gostava que a acompanhasse a um lugar para ver uma pessoa. Bebi um café em silêncio e depois apanhámos um táxi.

Saímos à porta do Royal London Hospital, em Whitechapel. Depois de Elsa fazer algumas perguntas à enfermeira de serviço na recepção, caminhámos durante alguns minutos pelos corredores à procura de um quarto. Elsa parou junto de uma porta.

«Não sei o que vamos encontrar ali dentro», disse. Senti o seu hálito doce, enquanto ela passava uma mão pelo rosto. Tinha o cabelo solto, e tive vontade de correr os dedos pelos seus caracóis ruivos e abraçá-la. «Mas era incapaz de entrar sozinha, por isso agradeço-te que me tenhas acompanhado.»

«Deixa-te disso», respondi.

A minha confiança cedo desapareceu. Havia um homem deitado na cama dentro do quarto – que cheirava a formol, a suor e a um outro odor agreste que não soube identificar – e um outro que, debruçado sobre a armação de ferro que suportava o colchão, parecia rezar com as mãos unidas à frente do rosto. O homem deitado na cama tinha o rosto parcialmente coberto por um lençol. O outro ergueu-se quando nos viu entrar: era um homem africano, muito alto, de longas mãos venosas e olhos de criança. Depois reparou em Elsa, aproximou-se e sorriu. Abraçaram-se. Então o homem estendeu-me a mão, como se me conhecesse. Eu apertei-lha, esforçando-me por recordar onde nos tínhamos cruzado.

«Este é o Jawara, um dos amigos do Samir», disse Elsa.

Aproximámo-nos da cama e Elsa retirou cuidadosamente o lençol branco que cobria parte da cabeça de Samir, e então vimos o que lhe acontecera e a razão pela qual não tinha o rosto exposto. Eu fechei os olhos imediatamente, num impulso incontrolável, para depois os voltar a abrir com grande esforço; Elsa, contudo, olhou-o sem pestanejar, chorando em silêncio. O rosto de Samir estava irreconhecível. Os olhos estavam fechados e tão inchados que pareciam os de um sapo; o lado esquerdo da cara tinha sido queimado com um líquido corrosivo, da testa até ao maxilar, e a pele parecia a superfície lunar, cheia de buracos e pequenas colinas vermelhas e rosas que se cruzavam sinuosamente; a orelha do lado direito tinha, aparentemente, sido cortada, e encontrava-se tapada por uma gaze; e, no pescoço, havia uma enorme cicatriz que corria da parte superior da clavícula ao ombro. Peguei em Elsa pelo cotovelo e, pedindo desculpas a Jawara pela ausência momentânea, levei-a para fora do quarto. Fechei a porta atrás de nós e, já no corredor, depois de respirar fundo, olhei-a, devastado.

«O que é que aconteceu?»

Elsa limpou as lágrimas com uma mão.

«Não pensei que fosse tão grave», disse. «Quando me ligaram esta manhã, não sabia que...»

«O que é que aconteceu?», repeti.

«Aconteceu aquilo que eu te disse que ia acontecer, mais cedo ou mais tarde. O Samir quis ficar naquele apartamento e naquele bairro... sabe-se lá porquê... e, durante algum tempo, eu pensei que as coisas poderiam funcionar, que se ele evitasse sair de casa sozinho, se fosse discreto, se prestasse muita atenção... que aqueles filhos da puta iam acabar por se esquecer dele...»

«Quando é que deu entrada no hospital?»

«Na quarta-feira. Há três dias. Encontraram-no caído num passeio, em Mile End, a meio da noite. Os tipos devem tê-lo levado para um lugar qualquer e depois largaram-no ali para morrer, mas uns miúdos que vinham de uma festa viram-no e chamaram os paramédicos. Só que não tinha identificação nenhuma com ele, e demorou algum tempo até o Jawara conseguir descobrir onde é que ele estava. Ligou para os hospitais todos...»

«E vai sobreviver?»

Elsa ergueu a cabeça e fitou-me. Já não chorava, mas nos seus olhos azuis havia um vale de lágrimas por derramar.

«Ainda não é certo.»

Afastei-me um pouco dela, suspirando, dando meia volta, sentindo uma angústia do tamanho do mundo a trepar-me pelo coração.

«A culpa também é minha.»

«A culpa é de quem lhe fez isto.»

«Eu podia ter feito muito mais por ele. Caraças, *devia* ter insistido, era a minha obrigação. Mas os jornais! Um caso isolado não constitui exactamente um atentado internacional aos direitos humanos, se é que me entendes. Tentei vender a história e nenhum editor a quis publicar. Diziam que faltavam *provas*, que não podiam acreditar sem mais nem menos na palavra de um imigrante ilegal, que casos destes aparecem e desaparecem todos os dias.» Esfreguei o rosto com as duas mãos, incapaz de afastar a terrível imagem do rosto de Samir. «Devia ter investigado. Podia ter encontrado um padrão, uma tendência, sustentar o caso com uma teoria que não o isolasse. Era a minha obrigação de jornalista.»

Elsa desviou o olhar.

«Não vale a pena pensar nisso.»

«E se ele morrer?»

«É melhor ter esperança, não achas?»

«Não sei se me resta muita.»

Levámos Jawara a almoçar num *pub* perto do hospital, e o homem, apesar da fome, mal conseguiu comer. Fizemos-lhe algumas perguntas, mas Jawara parecia quase amedrontado ao dar as respostas, como se, por sermos brancos, participássemos também no terror que lhes assolara as vidas. E, de certa maneira, comecei a achar que Jawara tinha razão: que a culpa era de cada homem que baixava os braços, de cada pessoa que virava a cara, de cada membro de uma raça que via um membro de outra raça sofrer, sem fazer tudo o que fosse possível para terminar com aquele absurdo; ao voltar as costas, estávamos a perpetrar cada golpe, cada pedrada, cada movimento descendente da pesada bota que esmagara povos e civilizações desde o princípio dos tempos. Jawara partiu depois do almoço, prometendo visitar o amigo no dia seguinte, e eu fiquei outra vez sozinho com Elsa. Ao fim de umas quantas cervejas, estupidamente ansioso por expiar os meus pecados, pus-me a falar da situação em que me encontrava com Adina e o quanto tudo agora me parecia ridículo e mesquinho, como se os dramas inócuos do casamento tivessem alguma importância quando comparados com os dramas autênticos de Samir.

«Não sejas hipócrita», disse Elsa. Parecia subitamente ofendida. «Este género de compaixão só dura umas horas. Amanhã voltas à tua vida de todos os dias e, uma vez mais, os teus problemas irão sobrepor-se a tudo o resto. Procurarás a tua própria felicidade; é inevitável.»

Fiquei em silêncio durante um momento.

«Bom, então é escusado preocuparmo-nos com os outros.»

«Tu próprio disseste que podias ter feito mais.»

«Podia, mas não fiz, e sabes porquê? Porque sou limitado, porque não sou dono de um jornal nem de uma cadeia de televisão, e porque tenho uma família para sustentar. É por isso que não fiz mais. Qual é a tua desculpa?»

Elsa encolheu os ombros.

«Não tenho, na verdade. Mas apontar-te o dedo era a última coisa que eu queria fazer. Estava apenas a tentar explicar-te que, nesta coisa da compaixão e da solidariedade, somos todos um bocado como os americanos do Faroeste: os índios são óptimos desde que fiquem nas reservas.»

«O que é que isso quer dizer?»

«Longe da vista, longe do coração.»

«Continuo sem te compreender.»

«O Samir conheceu o inferno. Quem somos nós para dizer que sentimos pena, compaixão, solidariedade, ou qualquer outro desses sentimentos bonzinhos e tão apropriados a conversa de circunstância e a programas matinais na televisão?»

Bebi o que restava da cerveja de um gole.

«Acho que estás a exagerar. Se todos tivéssemos de passar pelo que ele passou para nos compreendermos mutuamente, o que é que restava? Um mundo repleto de almas penadas, sem vontade nem propósito, condenados ao purgatório em vida. Se todos sofrêssemos como Samir não restaria ninguém para tentar dar sentido às coisas que não fazem sentido, que são quase todas as que existem neste mundo.»

Elsa olhou pela janela. Lá fora, junto do mercado de Whitechapel, gente de todas as cores cruzava as ruas, parando junto de algumas bancas para observar a mercadoria, tornando depois a partir. Havia roupa, fruta, flores. Os vendedores, quase todos indianos, fumavam cigarros atrás das débeis estruturas de madeira colorida que sustentavam as suas ofertas.

«Elsa?»

Quando me olhou novamente, vi na sua expressão que a conversa estava terminada.

Eu e Elsa mantivemo-nos distantes durante algum tempo. Era difícil dizer que estávamos zangados, mas também era difícil dizer que o que acontecera não deixara marcas na nossa amizade. Eu fora hipócrita, e ela parecia ter desistido de mim; nenhum de nós era culpado e ambos sentíamos culpa. Quanto a Samir, morreu no hospital de Whitechapel a 27 de Fevereiro de 1995, algumas semanas depois do ataque selvagem de que fora vítima. As razões do óbito foram uma súbita paragem cardíaca provocada por insuficiência renal, depois de um período de estabilidade em que parecera ter francas possibilidades de recuperação; a morte foi inesperada, e os médicos não conseguiram justificar completamente o que causara aquela abrupta mudança de direcção.

Eu, porém, fiquei convencido de que Samir desistira de viver. Depois daquela manhã com Elsa visitei-o outras duas vezes, movido pela tal culpa que não era capaz de exorcizar: da primeira, Samir ainda estava sob o efeito de fortes analgésicos e encontrava-se adormecido; da segunda, quatro dias antes da sua morte, dei com ele sentado na cama, de olhos abertos, em condição aparentemente estável, mas paralisado pela mágoa, incapaz de manter uma conversa ou interessar-se minimamente pela minha presença. Foi um dos momentos mais tristes que alguma vez experienciei. Foi como ver um fantasma em carne e osso, camada sob camada de células e órgãos e ossos e pele ainda em funcionamento, porém sem formarem um conjunto, o rosto desfeito e irreconhecível como espelho de uma alma que fora obrigada a recusar, a desmentir e a negar este mundo.

O corpo foi trasladado para Moçambique, e eu pus-me a reescrever a sua história, fazendo uma investigação paralela a respeito de outros casos de violência racial nos bairros desfavorecidos de Londres. Demorei algumas semanas a entrevistar outros imigrantes que tinham sido vítimas de abusos por parte de ingleses – a maioria destes, rapazes jovens e de classes baixas, que glorificavam a cultura *skinhead*, destruíam estações de comboio e *pubs* em dias de jogos de futebol, e se entretinham a perseguir e a molestar indianos, paquistaneses, negros e latinos –, e depois ofereci a reportagem ao editor do suplemento de sábado do *Evening Standard*, que publicou a história do ponto de vista precisamente oposto ao que eu pretendera, com o título *Youth Runs Wild*. O artigo foi reescrito e transformado numa patetice idiota sobre os caminhos errantes da juventude inglesa, e o nome de Samir aparecia em apenas três parágrafos. Foi publicado, passou despercebido, e a morte do imigrante transformou-se em estatística.

Falta dizer isto: que o meu segundo filho nasceu exactamente no dia em que Samir morreu no hospital de Whitechapel. Adina e eu, apesar da separação emocional, havíamos concordado em permanecer juntos, pelo menos durante a primeira infância da criança. Nesse dia assisti a uma morte e um nascimento e, pela primeira e única vez na minha vida, conheci a verdadeira felicidade, aquela que depende de uma avassaladora e inexorável tristeza. Um ano depois, Elsa e eu reencontrámo-nos na *patisserie* de St. Paul's Road e reatámos laços de amizade. Uma semana mais tarde, a polaca veio jantar a nossa casa e, enquanto Adina cozinhava, debruçou-se sobre o berço e perguntou como se chamava a criança.

«Chama-se Joaquim», respondi.

Elsa olhou-me, sorriu com ternura e pegou no bebé ao colo para o abraçar.

COMO IMAGINO A PRIMEIRA VEZ QUE FIZERMOS SEXO

José Luís Peixoto

José Luís Peixoto nasceu em 1974, em Galveias, concelho de Ponte de Sor. Estreou-se em 2000 com a narrativa *Morreste-me*. Nesse mesmo ano, publicou o romance *Nenhum Olhar*, ao qual seria atribuído o Prémio Literário José Saramago. Posteriormente, publicou romances como *Cemitério de Pianos* (Prémio Cálamo / Otra Mirada 2007) e livros de poesia como *Criança em Ruínas* ou *Gaveta de Papéis* (Prémio de Poesia Daniel Faria 2008). Com obra teatral e vasta colaboração na imprensa, os seus romances encontram-se traduzidos em 18 idiomas e têm merecido os mais diversos elogios nacionais e internacionais.

Para a L.

Considero-me um optimista. Desde que tenho opiniões e que consigo distanciar-me o suficiente para me observar a tê-las, que me considero um optimista. Como seria de esperar, encontro alguma paz nessa assunção, mas não consigo ter a certeza se considerar-me optimista não será, em si, um sinal de optimismo. Talvez. Seja como for, não é bom ter certezas em relação a tudo. São as incertezas que esbatem os contornos, que diluem as cores. Precisamos das incertezas para não sermos geométricos e insuportáveis. Suponho que considerar a possibilidade de algum dia fazermos sexo pela primeira vez é também um sinal desse mesmo optimismo. Não há garantias. Aquilo que imaginamos é responsabilidade nossa. É apenas certo que te materializaste a distância suficiente para que te abraçasse. Depois, pareceu-me que o teu corpo cabia perfeitamente nos meus braços. A perfeição, a perfeição, sei que ambos somos capazes de rir-nos dessa palavra.

Há tanto que já aconteceu antes. Há palavras repetidas que, no momento de serem ditas, parece que chegam de outras idades. Há frases que chegam de momentos específicos, que regressam inteiros no momento em que digo ou ouço essas mesmas frases. A intrusão desses momentos faz com que me sinta estranho em mim, como se os meus olhos, de repente, fossem atravessados por um olhar que me pertenceu há anos mas que, agora, é de outra pessoa. Chega desta conversa. Se ainda não percebeste, explico-te melhor quando estivermos juntos. Agora, acredito que deves ter mais curiosidade de saber como imagino a primeira vez que fizermos sexo.

Vai ser na minha casa. Vamos estar a beijar-nos no sofá. Ainda não sei bem se gosto que me mordas a língua. Da última vez, vieram-me lágrimas aos olhos. Acho que não notaste, escondia-as, mas, acredita, estavam lá. Aquilo que me parece é que, neste momento, gosto de tudo o que me queiras dar, mesmo que sejam dentadas na língua que me põem lágrimas nos olhos, que ultrapassam aquela fronteira em que a dor é cómoda e chegam à dor-dor. Esta é a situação actual mas, espero que saibas, não será sempre assim. Por favor, não deixes que esta informação te iniba. Podes morder-me a língua. Podes morder-me onde quiseres.

As minhas mãos. Tu ainda não conheces bem as minhas mãos. Sei que tens uma ideia sobre elas, mas ainda não as conheces muito bem. Eu próprio me surpreendo com elas frequentemente. As minhas mãos vão procurar as formas do teu corpo. Gosto de começar por perceber a dimensão das coisas. Vou segurar-te nos ombros, nos braços, na barriga de lado, nas ancas e nas pernas. A escolha destes lugares no teu corpo não tem nada a ver com a procura de um crescendo, com uma gradação que, no seu auge, chegue a lugares mais íntimos e/ou pornográficos. Aliás, não chegarei a estes lugares pela escolha, mas sim pelo instinto. Eu conheço os meus instintos, os bons e os maus, os que me fortalecem e os que me enfraquecem. Gosto de todos, não os contrario, todos fazem parte de mim, sou todos eles. Mais, nos teus ombros, braços, barriga, ancas e pernas estarei já inteiro. Nesse momento, não terei ainda a certeza de que iremos, de facto, fazer sexo. Não estarei preocupado. Não consigo imaginar-me preocupado enquanto estiver a beijar-te, a abraçar-te e enquanto as minhas mãos estiverem no teu corpo. Estar preocupado significaria estar longe de ti. Contigo, não consigo estar longe de ti. Contigo, apenas sou capaz de estar contigo.

Posso desabotoar-te as calças? O momento em que tiver nos dedos o botão das tuas calças será determinante. Se sentir que me facilitas o gesto que farei com o polegar e o indicador, se não sentir a tua mão a afastar a minha, será dado um grande passo entre nós. É claro que eu não pensarei isto com estas palavras. Estes pensamentos apenas são possíveis porque estou aqui, longe, e porque a minha mente se aventura por caminhos desaconselháveis. Baixar-te as calças com as duas mãos.

Certezas que tenho:

– A tua pele é suave.

– As minhas pernas cabem no interior das tuas.

– Aguento o teu peso com facilidade.

Vou querer abrir os olhos para, em instantes, ver o teu rosto. Vou querer guardar essas imagens paradas, fotografias do teu rosto. Após um vinco na respiração, entraremos num mundo que se construirá à nossa volta, um mundo que se propagará a partir de nós. Deixaremos de saber os nossos próprios nomes.

O meu corpo pesado, lançado pelos meus braços para o teu lado. Quanto tempo passou? Onde estamos? Enquanto recuperarmos a respiração, estaremos cheios de perguntas.

Além disso, há este texto. Se chegarmos a fazer sexo, há a possibilidade de este texto interferir, de nos sentirmos na obrigação de contrariar os seus detalhes para o garantirmos como ficcional e não nos acharmos previsíveis. Então, não me irás morder a língua, não ficaremos no sofá e não me deixarás desabotoar-te as calças, irás tu própria desabotoá-las. Mais tarde, daqui a semanas ou meses, falaremos deste texto e será como uma piada. Iremos rir-nos da própria dedicatória: para a L. Iremos, pelo menos, sorrir. Tudo estará bem se, semanas ou meses após termos feito sexo pela primeira vez, estivermos juntos a rir ou a sorrir.

Se nunca chegarmos a fazer sexo, este texto continuará a existir. Se tiver de ser assim, espero que estas palavras não tenham qualquer interferência com essa possibilidade, que ficará no lugar invisível onde se acumulam todas as possibilidades que nunca se concretizaram. Seria bastante rebuscado que este texto impedisse esse encontro, mas já me surpreendi com coisas bastante menos surpreendentes. Em todas elas, a vida e o tempo continuaram. Se assim for, se assim não for, espero que a memória deste texto seja a memória destes dias e que, dessa maneira, seja algo de bom, que nos faça bem, e que, nesse futuro, sozinhos ou acompanhados por rostos que agora desconhecemos, sejamos capazes de um sorriso que mais ninguém entenda e que não tentaremos explicar a ninguém.

REPRESENTAÇÃO DO MUNDO

Lídia Jorge

Lídia Jorge nasceu em 1946, no Algarve.
Da sua vasta obra destacam-se os romances *O Dia dos Prodígios* (1980), *O Cais das Merendas* (1982), *Notícia da Cidade Silvestre* (1984), os dois últimos distinguidos com o Prémio Cidade de Lisboa, *A Costa dos Murmúrios* (1988), um dos mais poderosos textos sobre a guerra colonial, adaptado ao cinema num filme de Margarida Cardoso, e *O Jardim sem Limites* (1995), distinguido com o Prémio Bordallo de Literatura da Casa da Imprensa. *O Vale da Paixão* (1998) recebeu os seguintes prémios: Dom Dinis, Bordallo, Ficção do Pen Club, Máxima de Literatura e o Prémio Jean Monet de Literatura Europeia – Escritor Europeu do Ano, tendo sido ainda finalista do International IMPAC Dublin Literary Award 2003. O seu romance *O Vento Assobiando nas Gruas* (2002) conquistou o Grande Prémio de Romance e Novela da Associação Portuguesa de Escritores e o Prémio Correntes d'Escritas. O romance *Combateremos a Sombra* e a colectânea de contos *Praça de Londres* são os seus mais recentes livros.
A sua obra encontra-se traduzida em muitas línguas e países, sendo recebida pelos críticos nacionais e internacionais com grande interesse.
Pelo conjunto da sua obra foi vencedora do prestigiado prémio da Fundação Günter Grass, na Alemanha, ALBATROS (2006) e do Grande Prémio Sociedade Portuguesa de Autores – Millennium BCP.

Tenho a ideia da casa no meio da noite. Depois ainda lá permanecemos durante mais cinco dias, e houve manhãs e tardes, e ocasos atrás das nuvens geladas, mas mesmo assim é sempre no meio da noite escura que a vejo. Também sei que um rio corria em baixo, uma fita de água cinzenta, um tanto avermelhada pelas chuvas de Dezembro que se tinham feito entornar depois de um ano de seca, e sei que perto passava a estrada com uma fila de candeeiros espaçados, mas não é assim que eu revejo a curva do rio. Ele continua a ser uma presença húmida, um dorso de água escura que fazia *chru-chru* no meio da noite, à medida que nós dois avançávamos com um pequeno volume embrulhado que iria ser entregue ao seu leito. O leito que nós dois não víamos, só sentíamos. A presença de uma energia líquida, a deslizar, *chru-chru*, no meio do terreno ensombrado.

Também é no meio da noite que me lembro do interior da casa.

De um lado a estrebaria desactivada, onde uns móveis se amontoavam, e no extremo oposto a capela, também ela desactivada. Só lá se entrava para admirar um retábulo. Entre os dois extremos da casa ficávamos nós, dispersos pelos quartos imensos, onde apetecia fazer *uh-uh*, para ouvirmos o nosso eco, e sentirmos o nosso bafo misturar-se com a humidade. Sei que nos espalhámos pela casa inteira, mas é sempre junto do presépio que nos vejo a olharmos para a representação da criança, com uma vela atrás. A vela parecia um poste de iluminação, a chama ardia torta por causa da aragem, no entanto, era a criança e só ela que nos interessava. A criança. Por mais que a vela ardesse, não se via se era menino ou menina, porque as feições eram ambíguas, um rosto ovalado perfeito, dois dentes entre os lábios de mulher pintados, as pernas erguidas, unidas, e mesmo sem fralda não se percebia se era menino ou menina. «É menino» – disse o meu primo. «É Jesus, o menino, o filho de Deus...» Mesmo assim, eu não sabia se ele era menino ou menina, por causa dos caracóis, pela forma de levantar os braços e, além disso, pelas sobrancelhas que quase não existiam, era muito mais parecido comigo do que com o meu primo. Então ele disse-me – «És muito pequena, ainda não sabes de nada. Nem sabes que este, que está aqui, também é aquele que está lá. O mesmo é só um, e os dois são filhos de Deus.»

Fui ver.

A representação do mundo acontecia debaixo da escada, mas entre os degraus e o início do corredor, sob uma abóbada branca, existia uma espécie de janela escavada na parede, uma cavidade quadrada com uma cruz por cima, e no parapeito dessa janela tapada estava a representação da figura de um homem guedelhudo, um tipo em péssimo estado. «Aquele é o outro, um e o outro são o mesmo, calcula...» – dizia o meu primo. Uma luz saía da cimalha da abóbada e dava-lhe em cheio. Sim, eu já sabia da cruz, tinha nascido com ela, mas fazer coincidir aquele homem pendurado com aquele menino, não era possível conceber. Tinham de ser realidades diferentes. «Juro que são...» – disse o meu primo, mais velho quatro anos do que eu. «Juro que este tipo que está aqui todo esmurrado, de língua de fora, é aquele mesmo que está deitado na alcofa além, no outro lado, e tudo isto fizeram os homens...» Naquele momento, eu não pensava naquele, o outro que estava pendurado. Pensava no pequenino com quem eu me parecia, como poderia ter-se transformado naquele outro, o esmurrado, o ensanguentado, o de língua de fora, o da barba pendida. E eu tinha pena deste, mas mais pena tinha por este ter sido aquele, ou melhor, por este continuar a ser aquele. O meu primo disse – «Tu não sabes nada do que os homens fizeram. Dentro de seis meses, já aquele se fez nisto, é num instante que isto acontece, vais ver. Este é Jesus, aquele é o Cristo. Os homens fizeram...»

Em seis meses?

Em meio ano, eu só tinha crescido meio ponto de sapato, um ponto nos vestidos. Dali a seis meses, eu só iria fazer ainda sete anos. Como era possível? «É o mistério do tempo...» – disse o meu primo, que tinha dez anos. «Um grande mistério, acredita em mim...» O mistério, as feridas, as gotas de sangue vermelhas, os joelhos esfolados do Cristo que era um homem mesmo, via-se através da roupa esfarrapada que lhe pendia da cintura, e aquele menino, ou menina, que estava lá debaixo da escada, sem saber que iria ser espancado, ou espancada, até ficar naquele estado, de olhos fechados e bolas de sangue nas barbas, e o menino a rir todo contente, entre os animais, debaixo da palmeira e da lâmpada, principalmente o desconhecimento dele pelo que lhe ia acontecer no futuro, punham-me a vida triste e faziam-me chorar. Chorava baixo, porque tudo aquilo acontecia no meio da noite, quando era suposto já estarmos deitados, mas ainda que corresse o risco de chorar alto, chorava, chorava calada, diante da representação daquela pessoa triste. O meu primo abraçava-me pelos ombros. O meu desgosto não tinha fim, as trevas da vida tinham descido sobre a minha pessoa, eu não aguentava e queria chorar acocorada, agora diante do menino menina, a olhar para ele ela, tentando suspender a sua vida feliz, dentro da sua casota de ervas. Suspender, suspender a vida dele dela, dentro da sua casota iluminada pela vela, para toda a vida, sem ter de passar por aquilo. O meu primo disse – «E calcula que todos os anos acontece. Todos os anos ele nasce, todos os anos eles o matam...» Todos os anos? Sete, dez anos seguidos? Era horrível o que o meu primo dizia, eu não compreendia como é que isso podia acontecer todos os anos, e não havia ninguém que os afastasse, ninguém que fosse capaz de acabar com esse destino, separando para sempre a vida daquela criança da vida azarada daquele tipo. O meu primo levantou-me do chão gelado – «Escuta, viste o rio, logo ali? Leva cá uma destas correntes...» Eu não podia dizer nada, estava partida em duas, de cócoras, no meio da noite. Mas, mesmo assim, levantei-me do chão. Ele disse – «Fica aqui que eu subo àquela cadeira e verás o que acontece àquilo...»

O meu primo teve de pôr uma cadeira sobre outra e eu segurei o tampo das duas. Ele tomou o crucifixo que ainda era pesado, desceu com ele, os dois embrulhámos aquilo num pano, e esgueirámo-nos pela porta da estrebaria, aquela que ficava aberta até que entrasse pelo pátio o último carro. Era mesmo noite de todo, noite escura de breu, não fora a iluminação do caminho que conduzia ao escuro onde passava o rio. O rio, que na noite não era um rio, era uma presença húmida que corria, fazendo *chru-chru*, no meio da escuridão. Uma presença que chamava o meu primo para lançar aquilo, embrulhado no pano, no fundo da treva. Eu ia agarrada às mangas do seu *anorak* e ele ia só agarrado àquilo. Eu ouvi o som do embrulho fazer *chuac* na água, e depois só o som do rio a passar. Teria o infeliz ido ao fundo? Flutuaria? Desfazer-se-ia aquela dor na corrente? – Depois veio o medo. A casa estava lá, no meio da encosta, algumas janelas com luz, e era para lá que corríamos, porque lá se encontrava tudo o que desejávamos, encontrava-se sobretudo a criança a olhar-nos de frente, deitada de costas, a oferecer-nos os braços e as plantas dos pés, redondas, rosadas. Nem precisaríamos de passar no cruzamento da abóbada com a escada. Os nossos quartos ficavam em cima, no sobrado. O meu primo aconselhou-me a não deixar vestígios. Ele sabia como proceder – limpar as botas, pendurar as roupas, vestir o pijama e fechar os olhos. Mas era preciso fechá-los sem fazer força, porque, se franzíssemos as pálpebras, perceber-se-ia que não estávamos a dormir, se acaso alguém viesse vigiar-nos o sono. O melhor mesmo seria apagar a luz, embora acordados.

Era um domingo, a entrega da figura esmurrada à corrente acontecera dois dias depois do Natal. Ainda ali estivemos mais cinco dias. A meio desses dias, um alvoroço. Pela casa toda só se ouvia falar de um Cristo barroco com vinte gotas de cristal incrustadas, e o mundo fez-se de contas, participações, seguros, polícia, impressões digitais. Para nada. Aquilo acontecia em pleno dia, e nós dois, com o coração a bater no pescoço, sabíamos que a verdadeira história da salvação da criança deitada tinha acontecido a meio de uma noite sem lua. Nunca lemos tanto, feitos mudos, a olharmos um para o outro, quando ninguém nos olhava.

ACENDE A FELICIDADE

Maria Antonieta Preto

Maria Antonieta Preto é do Mundo.
Escolhe para viver lugares impenetráveis, ocultos, enigmáticos, mágicos. Come e mastiga a terra como a cidade, a luz como as trevas, a clareza como a ambiguidade, a proximidade como a distância.
Caminha sempre por lugares singulares, incompreensíveis, livres, distantes, estranhos, belos. Nunca os revela, ou deles revela apenas o que deseja.
Frequenta o curso superior de Jornalismo. É jornalista *freelancer*. Tem trabalhos jornalísticos publicados na revista *DNA* do *Diário de Notícias*, semanário *Tal&Qual* e no jornal *24 Horas*. Tem contos publicados em jornais, revistas e antologias.
Em 2004 publicou o seu primeiro livro de ficção, *Chovem Cabelos na Fotografia*. Em 2005 foi finalista do prémio de conto da Associação Portuguesa de Escritores. Em 2008 publicou o seu segundo livro, *A Ressurreição da Água*.

Para ti

Punha os beijos nos campos e fazia frases.

Todos os anos regressava ao bafo do suão, ao acontecimento do sol que fazia lume nas páginas.

Acende a felicidade, Kémana, e conta a velha que voava sob o sol e sobre as árvores...

Era uma velha quente. Chamava-se Sámá. Ouvira dizer que era quente como o sol. A velha chegava na hora fervida em que os vivos dormiam, chegava como se tivesse saído das telas de um pintor de que não quero dizer o nome, nas quais eu me maravilhava a olhar a criação. Trazia quase sempre um chapéu preto que tomava, umas vezes, a forma de sol, outras de lua, estrelas, animais, flores, frutos, árvores conhecidas – algumas estranhas, nunca as vira naquele lugar. Voava sobre as figueiras. Sobre as oliveiras. Voava sobre as azinheiras. Sobre os figos-da-índia. Voava sobre tudo. O último voo era uma pausa acima de mim, depois descia, carregada de preto. Qualquer palavra que pronunciasse era quente, mesmo ao crepúsculo, ou nas madrugadas que passava com ela até que o dia viesse cair nos nossos olhos. As suas palavras nasciam como o bafo do suão. As suas palavras eram uma estação. A velha fazia amor com as palavras e perguntava-me:

– Desse lugar de onde vens, Kémana, o que dizem os homens sobre o sol?

Nada lhe respondia. Então, a velha voava um pouco mais alto e puxava um bocadinho de sol. Ficava sonho, embora mais medo do que sonho. Vigiando-lhe as mãos insistentemente, via iluminada de espanto que elas ardiam, mas com versos dentro:

«Ardeu o sol nas minhas mãos
que é muito dizer;
ardeu o sol nas minhas mãos e reparti-o,
que é muito dizer...»

Kémana, dizia-me, os degraus do sol. O sol aceso em cada homem é uma pausa na dor. Depois, a progressão e a repartição da luz: as mãos abertas em cada homem. O mundo a receber as mãos. Assim acontece o sol em alguns homens, essa rara irradiação que cresce e tudo ilumina. A dupla maravilha do sol. A vida plena.

Olhei a velha e disse-lhe: Há uma palavra escavada que não tem fim: a luz. O sol a entrar para dentro do meu corpo...

Acende a felicidade, Kémana, e conta a velha que voava sob o sol e sobre as árvores...

Era uma velha-árvore. Era gigante, gigante. A velha chegava no bafo do suão quando os vivos dormiam. Punha os pés sobre a terra fervida e perguntava-me:

– Desse lugar de onde vens, Kémana, o que dizem os homens sobre o corpo?

Nada lhe respondia. Então, a velha pedia que caminhássemos. Caminhávamos na aragem, devagar e quentes. As palavras acesas e repartidas, como o seu corpo e as suas mãos de sol e de verso. O corpo era árvore a repartir. Caminha atrás de mim, Kémana. O caminho repleto de silêncio e de sombra – o amor do seu corpo a fazer sombra no meu. O meu corpo caminhando na sombra da velha-árvore, protegido do lume da tarde. A velha fazia também amor com o corpo, como fazia com as palavras. Olhei-a e disse-lhe:

– O meu começo é nas árvores...

Acende a felicidade, Kémana, e conta a velha que voava sob o sol e sobre as árvores...

Era uma velha-miniatura com um chapéu preto enfiado na cabeça. Do chapéu saía uma árvore pequenina que me deixava num desassossego admirável a olhar a iminência do voo – mas nunca a árvore caía. Sem dar por isso, dirigia o meu olhar para o espanto da memória com cântaros que dançavam na cabeça de mulheres antigas, cântaros que iam vazios para os poços e de lá regressavam com água até à boca sem nunca tombarem. Continuava a tirar caldeirões cheios de espanto: a velha-miniatura, criada à imagem do tamanho de uma velha normal, junto a mim. Tão reduzida era ela agora. O corpo abreviado, a sobrevoar as árvores, vinha coberto de fios, arames, cipós. Amarrado à velha vinha um vaso. A velha apertada, amordaçada. Como podia ela voar? A velha pousava sobre a terra e perguntava-me:

– Desse lugar de onde vens, Kémana, o que dizem os homens sobre as árvores?

Nada lhe respondia. Então, a velha olhava à minha volta e abria devagar e sem profundidade a terra, tocando-a e escolhendo minuciosamente um lugar. Aí acomodava o vaso que transportara, o vaso da moda que percorria o mundo, depois tirava o chapéu da cabeça, arrancava-lhe a árvore que estava solta e colocava-a no interior do vaso. O vaso bonsai. Uma árvore miniatura no seu interior criada à imagem das árvores normais. Habituara-me a observá-la, com tristeza, nas montras das floristas nas grandes cidades, mas nunca a vira naquele lugar.

A velha apontou-me as árvores todas da planície. As figueiras que tinham sido plantadas distantes das casas, para que as suas raízes crescessem de forma espontânea, conforme a sua natureza. As figueiras que nunca eram podadas. Sem a mão do homem a retirar-lhes a vida ou a dominá-las. As oliveiras daquele lugar tinham mil anos. As oliveiras cuja lavoura era feita desde sempre não muito funda, para não ofender as raízes. As raízes poderosas e compridas chegavam a uma profundidade de seis metros, assim descobriam a água mesmo em longos períodos de seca.

Sempre que regressava ao bafo do suão sabia. Em cada ano as árvores cresciam melhor e mais vigorosas. Olhei superficialmente o bonsai: não me parecia belo, embora os amigos que tinha na cidade o considerassem encantador, perfeito, distinto. Olhei-o fundo. Os seus ramos, cobertos por fios, arames, cipós, encontravam-se amordaçados. Porque insistiam em apertar o universo conferindo-lhe formas artificiais?

Lera no livro do trisavô que as árvores sofriam. Ouvia agora pela primeira vez na minha vida uns gemidos no lugar onde nos encontrávamos: era a árvore-miniatura a chorar. O ruído da cidade, a montra a interpor-se entre mim e a árvore haviam-me impedido de alguma vez ter ouvido os seus gritos e de reparar na sua maquilhagem. Algumas lágrimas mancharam-me o rosto. A velha enxugou-me as lágrimas, confortando-me com umas palavras de um filósofo e escritor antigo de que não quis dizer o nome:

– Não existe maior infeliz do que aquele que nada teve para sofrer.

A liberdade das árvores era uma felicidade convincente que tinha sido colocada na terra – e eu via a felicidade a transmitir-se nos caminhos, a respirar em cada tronco, em cada ramo, a fervilhar viva e húmida por baixo de cada folha, de cada erva.

Olhei a velha e disse-lhe:
– Farei a língua na árvore e no corpo.

Acende a felicidade, Kémana, e conta a velha que voava sobre as árvores e diz-nos que poesia fazia sob os pés...

Era uma velha mística e bela. Era escura, como as noites sem lua. O seu corpo carregado de roupas fazia lembrar o corpo das velhas vestidas de lenha em caminhos a morrerem. A sua cabeça coberta com um lenço preto era a cabeça daquelas mulheres dobradas em lutos antigos, que gastam os pés nus nesses caminhos. Voava agora e apenas sobre as figueiras. Chegava às horas do crepúsculo, vinha com os pés nus que impulsionavam a terra. Chegava às horas em que os vivos começavam a fechar o dia e o mundo aberto da noite perpassava a planície. A velha chegava e perguntava-me:

– Kémana, o que me dizes sobre o teu corpo?

Nada lhe respondia. Então a velha punha os pés sobre a terra morna e uma intimidade realizava-se. Dançava com a pele branca a assomar-se no crepúsculo. A felicidade do Verão a abrir-se.

O seu corpo era uma noite de cores prateadas, suaves e discretas, misturado com o cheiro e o gosto dos frutos e das árvores. Havia cheiros de macieiras, de abrunheiros, de figos, de rosmaninho, de alecrim.

Ficava à espera do que mais havia de dar a terra. Ou o corpo. Sámá oferecia agora o ventre e os seios à terra, os seus braços dançavam, ali, à luz das estrelas e dos pirilampos. Os seus pés produziam urgências de poesia solta e sublime. Sámá fazia poesia sob os pés, combinava-os com as mãos, como eu observara o avô a combinar as sementeiras para que acontecesse terra e amor.

Nem mesmo com os vermes e insectos, que atacavam as plantas, o avô chegara a encetar lutas, aconchegando-os apenas no interior das mãos doces, transferindo-os seguidamente para os lugares onde a sua presença poderia dar frutos. E nem uma cobra fora morta naquele lugar. Acaso o avô ignorasse o lugar onde a presença destes minúsculos seres era prejudicial, a cobra encarregar-se-ia de dar-lhes o destino.

Também a Sámá, numa dança estonteante, chegavam todos os seres – a impossibilidade de os nomear e distinguir – e até os pequenos regatos e fontes pareciam ter patas ou asas, tão rente era a música das suas águas. Corria uma sucessiva tensão sobre o meu corpo. Ali era a criação da paz e eu sentia-me uma forma de sangue a despontar da terra. Eu emergia. Eu escrevia a terra e o corpo.

Do lugar donde viera, havia muitas coisas que eram sentimento. Mas, aqui, todas as coisas eram sentimento. E dançavam. E eu não queria que o meu corpo terminasse, não queria que o meu corpo deixasse de ver esse mundo inteiro a dançar. A uma certa hora Sámá parou. Aproximou-se de uma figueira e disse-me:

– Repara como alguns dos seus frutos estão ocultos pela sua espessa folhagem, mas repara, também, que quando caem felizes no solo, alimentam insectos e peixes.

Aonde queria chegar a mística e bela Sámá? Queria chegar ao meu corpo. Como se tivesse percorrido todos os passos que eu dera no mundo, escutado os meus diálogos aparentemente fugazes, as minhas respostas, assistindo aos silêncios com que eu beijava o mundo, descobrindo a morada secreta do meu coração. Como se se tivesse infiltrado nos meus textos, na correspondência que trocava com a distância que algumas noites do mundo me tinham dado a conhecer num lugar onde havia mar e um céu de estrelas.

Porque, de repente, uma luz a ancorar-se em mim? Porque acolhia a memória uma imagem tão nítida e perto, como se tudo tivesse acontecido hoje? Porque me recordava da mulher vestida de branco, uma espécie de anjo, surgida na voz silenciosa das areias quando eu negara um traço de sangue, junto a mim, e decidira caminhar, como sempre sozinha, junto ao mar? Seria Sámá? Se Sámá me surgira em tantos lugares do mundo e de tantas formas diferentes, porque não no mar, porque não Sámá naquela madrugada junto ao mar?

A velha Sámá, para disfarçar, perguntou-me em primeiro lugar:

– Kémana, porque ocultas o teu corpo, como algumas folhas das figueiras ocultam os seus frutos? Porque não ofereces a sombra como te ofereci a minha? Nunca deixes que nada se interponha no teu corpo. Olha o sentido de todos estes caminhos a dizerem amor. Porque recusas e escreves cartas assim para a distância e à distância? Porque tudo em ti é texto?

Gásan,

Hoje chegou a felicidade em alecrim...

Repete a felicidade e guarda o texto do tempo...

Toca esta dimensão que é o espaço dos primeiros sangues... esta frase é toda corpo.

Kémana

– E, Kémana, as cartas que recebes de um país distante do teu com frases assim...

Kémana,

Queres ensinar uma árvore apenas na folha da página, queres flores e frutos no texto...

A tua boca fica assim intacta na paisagem...

Mas porque ficas assim com o tempo quieto no teu corpo, Kémana?

Gásan

Confirmara todas as suspeitas. Sámá conhecia misteriosamente o teor da minha correspondência e a quem esta se dirigia. Sámá conhecia todas as frases das cartas que eu escrevia e recebia. Sámá, já sem mostrar qualquer incómodo, tornou a pegar em frases da minha correspondência, desta vez nas que finalizavam a última carta que eu enviara. Nas frases da última carta que eu enviara e da última que eu recebera.

Gásan,

Acendo a felicidade enquanto o sangue faz a planície nestas páginas. Morro de luz dentro do texto.

Kémana

Kémana,

Deixa-me morrer de luz contigo, mas no exterior do texto.

Gásan

A velha Sámá, depois de citar a frase da última carta que Gásan me escrevera, disse-me:

– Acende o teu corpo, Kémana, acende a felicidade.

SEM PERDÃO

Maria do Rosário Pedreira

Maria do Rosário Pedreira nasceu em Lisboa, em 1959. Licenciou-se em Línguas e Literaturas Modernas, variante de Estudos Franceses e Ingleses, pela Universidade Clássica de Lisboa. Estudou paralelamente outros idiomas, como o alemão e o italiano, tendo sido bolseira na Università per Studenti Stranieri di Perugia.

Foi professora de Português e Francês durante cinco anos. Ingressou posteriormente na carreira editorial, tendo desempenhado, desde 1987, as funções de assistente editorial, directora de publicações e editora.

Enquanto escritora, trabalha em três vertentes: a literatura juvenil, a ficção e a poesia. Tem livros traduzidos em catalão e italiano e está representada em antologias e revistas em vários países europeus e americanos. Recebeu quatro prémios literários.

Fiz por ela tudo o que podia. Guardei-lhe as cabras dos lobos e a casa dos ladrões: para que tivesse sempre o que comer e um tecto que a cobrisse nos dias mais frios. E, depois, guardei-a a ela de todo o mal – porque tinha cabelos de fogo que incendiavam as tardes de quem a via passar e olhos de um azul estranho que convidava. Mas isso ela nunca entendeu, nem perdoou. E, por mais tempo que corra neste ou noutro mundo, esteja ela agora onde estiver (que para mim há-de ser igual a lugar nenhum só por não ser aqui), tenho a certeza de que, podendo, continuará a recriminar-me, mesmo que apenas com a ferida aberta do seu silêncio.

Digo-me muitas vezes que não devia pensar nela como se ainda a tivesse comigo; e tão-pouco recordar, uma por uma, as palavras que usou nessa noite para me chicotear, quando lhe confessei que tudo o que fizera até então não fora senão pelo grande amor que lhe tinha. Chamem-me ingénuo por ter esperado que uma rapariga que toda a gente sabia ter matado a mãe à nascença fosse, de um momento para o outro, justa e compreensiva. Nas horas mais duras, é precisamente com isso que tento consolar-me. Mas a verdade é que ainda hoje acredito que as coisas podiam ter sido diferentes se eu não me tivesse precipitado nos gestos ou na revelação. Que decerto o erro foi meu e é por ele, afinal, que estou a pagar. Pensando nela mais do que gostaria. E com saudades, muitas, até de a ver chorar.

Na aldeia, também ainda ninguém esqueceu o lume dos seus olhos – e sei-o porque se calam com essa história cansada de ela ser uma vadia no instante em que me vêem aproximar. Mas eu ouço-os no que as suas expressões reservam do que foi dito. E fazem-me rir. Nunca tiveram o seu corpo a estrebuchar debaixo do deles nem lhe apertaram as nádegas firmes para saberem, realmente, a falta que havia de fazer a um homem. Eu não deixei. Eu nunca permiti que levantassem sequer as cabeças do caneco de vinho para a verem entrar na venda com a graça de um golpe de luz. Por isso têm a língua tão afiada nas minhas costas. Por isso a maldizem. E o único que não abre a boca – e com o qual eu fiz o que era preciso fazer para nunca mais me cruzar – foi justamente aquele que a desgraçou. O que nos desgraçou.

Digo-me sempre que devemos desconfiar dos forasteiros. Dos homens que chegam de outras paragens com a mania de se tornarem agricultores, mas trazem as unhas limpas e tratadas e um monte de livros em malas de couro verdadeiro. Ele era desses. Trocara a cidade por um sonho infantil de natureza, mas os seus gestos mantinham-se irremediavelmente urbanos. E ela gostou disso, ah, se gostou; porque nunca tinha visto mãos sem calos, nem rostos que não tivessem sido retalhados pela lâmina do sol. Eu é que não. E, se até ali nunca me sentira ameaçado por nenhum dos tipos a quem ela oferecia beijos e mostrava os seios e as coxas em segredo para que a tirassem desta terra (porque sabia que me tinham respeito e se obrigavam, sei lá com que custo, a virar a cara), o certo é que, da primeira vez que apanhei o estrangeiro a falar com ela à porta do forno, foi o mal que vi estampado nos seus olhos e soube – como um clarão rasgando subitamente a noite – que tinha de a guardar, de a proteger. Mas isso ela nunca entendeu, nem perdoou.

Pois eu, se a tivesse comigo agora, haveria de perdoar-lhe tudo. Salvo nessa noite que não tem esquecimento nem perdão, nunca foi com ela que me alterei, mesmo quando entre nós não andavam as coisas de feição. Se Deus existe – do que duvido mais a cada dia que ela me falta –, sabe bem que deixei passar os seus atrevimentos com os primos da Azenha pelas festas da Senhora dos Lenços, vai para dois anos, e que fiz orelhas moucas às beatas e ao padre quando vieram dizer-me que andávamos nas bocas do mundo porque ela se sentava nos bancos da igreja despida por baixo e os compadres já nem ouviam o sermão da missa. E eu ralado de andarmos nas bocas de um mundo tão acanhado como este. Desde que ela voltasse para casa ao fim do dia e me aquecesse a cama com a fogueira do seu corpo, queria cá eu saber dos compadres desatentos aos Evangelhos. Uma rapariga criada sem mãe numa aldeia de merda como esta não tem obrigação de conhecer as regras que as outras apenas fingem cumprir na perfeição; mais ainda se, como os homens cochicham na venda, e com certa razão, o pai não fez outra coisa quando ela era gaiata senão perder-se na lonjura dos pastos a engolir o desgosto da viuvez com tragos de aguardente, perguntando-se porque tinha a cachopa de nascer justamente com as ventas da mãe. Sim, relevei-lhe essas e outras perdições insignificantes – como não havia de atiçar o desejo bruto dos homens uma rapariga com cabelos de fogo que incendiavam as tardes de quem a via passar e olhos de um azul estranho que convidava?

Com o homem da cidade, contudo, foi diferente. Porque ele era uma porta maior e mais aberta para o resto do mundo e lhe oferecia papéis com letras pequenas para ler, quando não lhas lia ele próprio baixinho, à beira do ouvido, se não havia ninguém a olhar. Porque lhe dava uma importância que ela não tinha e que a levava a fazer perguntas sobre assuntos velhos que nunca antes a haviam inquietado. Porque lhe ajeitava o vestido ao de leve com as mãos lavadas, tentando corrigir-lhe um desleixo de anos. Porque entre os dois se estabeleceu um entendimento redondo em que mais ninguém cabia e que, de longe, cheirava já a plano urdido com fio de seda para a afastar daqui – de mim, de casa e das cabras, se não fosse eu, mortas de fome há quanto tempo. Por isso fiz o que fiz, e não me arrependo.

Mas ela não perdoou, nem entendeu; e, por mais tempo que corra neste ou noutro mundo – que será sempre de mais por não a ter comigo –, já não o entenderá. Quando o corpo do forasteiro apareceu a boiar de borco no rio como uma canoa velha e alguém veio contar-nos a desgraça da sua morte com um exagero de gestos nas mãos, até parecia que era o vento que a levava à margem, tão depressa corria mato fora, mesmo descalça. Não a acompanhei, não dessa vez. Quis poupar-me ao seu olhar acusador diante dos outros, ou poupar-me ao deles na frente dela, tanto faz. Deixei-me no pátio a cortar tábuas para uma cama melhor que nunca chegámos a estrear e a comentar com quem por ali se atrasara para o escândalo que, por muitos livros que se leiam, de nada servem, afinal, a quem desconhece as correntes do rio a que se lança. Mas ela já ia longe, não me escutou; e, assim que pôs os olhos no corpo frio do amante e lhe afastou o lodo e a lama do rosto inchado, soube tão bem como eu da mão que o empurrara para onde o rio é mais fundo e mais mexido, e foi isso mesmo que disse quando voltou em lágrimas, já noite feita, atirando-me palavras como pedras.

Se até então nunca fora preciso, a verdade é que tive de lhe bater logo ali, não se lembrasse ela de voltar atrás para me entregar. E bati-lhe com força, mesmo que fosse na minha cara que doíam aquelas bofetadas, porque o pranto dela era ainda, sem dúvida, pelo outro. Arrastei-a depois pelos cabelos até à cozinha velha para lhe mostrar quem é que ali tomava as decisões, meti-a lá dentro com um empurrão, fechei a porta e fiquei a vê-la espernear no meio dos ladrilhos como uma cadela doida, enquanto me chicoteava com palavras de ódio – um ódio empedernido, feroz, antigo, um ódio de anos. Perdi a cabeça e bati-lhe na boca com as costas da mão para ver se se calava com tantas recriminações. A mim parecia-me que a traição e a fuga que planeara com o estrangeiro eram crime maior do que o meu, desonra maior para o meu nome. Mas logo a ira deu lugar à aflição de a perder, porque de repente o lábio sangrou, tingindo-lhe de vermelho os dentes brancos e pequenos e borrifando-lhe os malmequeres da bata de algodão.

Foi então que caí em mim e lhe pedi desculpa. Ajoelhei-me, segurei-lhe os braços com as mãos grandes, mergulhei a cabeça entre os seus seios e implorei-lhe pela alma da mãe que me perdoasse, pois não seria feliz sem o seu perdão. E, apesar de ela se debater sob o meu peso, virando o rosto para um lado e para outro e resistindo-me como podia, revelei-lhe que tudo o que fizera não fora senão pelo grande amor que lhe tinha, e que a sua obrigação era ficar para sempre junto de mim, que lhe guardava as cabras e a casa para que nada lhe faltasse, nos faltasse, e a guardava também a ela de todo o mal, pior no sítio para onde ela queria ir com o outro e já não haveria ninguém para a proteger.

Chamem-me ingénuo por ter esperado que uma rapariga que toda a gente sabia ter matado a mãe à nascença fosse, de um momento para o outro, justa e compreensiva. Têm razão. Porque, debaixo do meu corpo, o seu continuou aos gritos, tentando libertar-se, como um barco apanhado na confusão das ondas mas assim mesmo incapaz de uma trégua com a tempestade. Lambi-lhe então o sangue dos lábios e do queixo para lhe mostrar o tamanho do meu amor e, a seguir, enfiei-lhe a língua grossa na boca para sufocar aquelas palavras duras como pedras. E, por fim, quando me pareceu que os seus movimentos se apagavam, que o ar lhe fugia, que lhe faltavam as forças para contestar uma evidência e se tornava de novo dócil como costumava ser, dócil como eu gostava, afastei-lhe com a perna as coxas cobertas de uma penugem loira e meti-o todo dentro dela para que gozasse tanto como eu e entendesse, de uma vez por todas, que podíamos ser felizes sem mais ninguém.

Mas ela não entendeu, nem perdoou; e, esteja agora onde estiver (que para mim há-de ser igual a lugar nenhum só por não ser aqui), tenho a certeza de que continuará a recriminar-me, mesmo que apenas com a ferida aberta do seu silêncio. Quando saí de cima dela e a mandei ir lavar-se – não fosse o diabo tecê-las e arranjarmos ali mais um sarilho escusado com que entreter o cura e as beatas –, não me obedeceu e, por qualquer razão que só Deus poderá explicar (se Deus existe, do que duvido mais a cada dia que ela me falta), tive a certeza de que já não me obedeceria. Encolheu-se toda como um feto na barriga da mãe e, nos seus olhos de um azul estranho, as lágrimas tinham secado todos os convites para darem lugar a uma decência que de repente me comoveu, quiçá por me fazer lembrar outra pessoa. Depois, puxou os malmequeres da bata para os joelhos, tentando cobrir uma vergonha empedernida, séria, antiga, uma vergonha de anos, e ficou num sossego tão inquietante que às tantas me perguntei se tinha enlouquecido, se a tinha enlouquecido. E, pela primeira vez nessa noite que não tem esquecimento, senti que as coisas podiam ter sido diferentes se eu não me tivesse precipitado nos gestos e na revelação; que cometera um erro e que por ele teria decerto de pagar.

Toquei-lhe então com um pé ao de leve, com a mesma leveza que o forasteiro punha nos seus vestidos soltos quando a queria compor, mas ela retraiu-se, apertando ainda mais o novelo que o seu corpo se tornara. E, quando eu me preparava para a fazer desatar aquela quietude assustadora, vi-a afastar os lábios feridos muito devagar e, numa voz mais velha do que as pedras, mais velha do que o mundo, mais velha do que as viúvas que o luto arrasta há séculos pelos caminhos de merda desta aldeia, fez-me uma pergunta que era toda uma dor no ar que atravessava:

– Também bateste assim à mãe quando a engravidaste?

O meu coração parou, tal como pára a chuva sobre os campos, tal como estanca o sangue sobre as feridas; e a seguir veio, não sei donde, uma escuridão mais branca do que negra que se somou à dessa noite sem perdão. Já não a vi partir, mas, na manhã seguinte, alguém veio contar-me com um exagero de gestos nas mãos que os malmequeres da sua bata de algodão tinham aparecido a boiar no rio, lá onde ele é mais fundo e mais mexido, como os nenúfares no lago grande do solar. O seu corpo, porém, nunca foi encontrado e, por isso, na venda, ao fim da tarde, quando os campos respiram o trabalho feito, os homens continuam a dizer à boca pequena, entre um caneco de vinho e outro, que, vadia como era, o mais certo é ela ter ido toda nua nos braços de alguém, porque oferecia beijos e mostrava os seios e as coxas a quem quer que prometesse levá-la daqui. Nas horas mais duras – por estranho que pareça –, é precisamente com isso que tento consolar-me.

O CHEIRO DO MUNDO

Ondjaki

Ondjaki nasceu em Luanda, em 1977. Prosador e poeta, é membro da União dos Escritores Angolanos. Está traduzido para francês, espanhol, italiano, alemão, inglês, sérvio e sueco. Publicou: *Actu Sanguíneu* (poesia, 2000); *Bom Dia Camaradas* (romance, 2001); *Momentos de Aqui* (contos, 2001); *O Assobiador* (romance, 2002); *Há Prendisajens com o Xão* (poesia, 2002); *Quantas Madrugadas Tem a Noite* (romance, 2004); *Ynari: A Menina das Cinco Tranças* (infantil, 2004); *E se Amanhã o Medo* (contos, 2005); *Os da Minha Rua* (estórias, 2007), *AvóDezanove e o Segredo do Soviético* (romance, 2008), *O Leão e o Coelho Saltitão* (infantil, 2008), *Materiais para Confecção de Um Espanador de Tristezas* (poesia, 2009), *O Voo do Golfinho* (infantil, 2009).

Quando fui à escola pela primeira vez eu era muito pequenino. Ainda nem sabia andar de bicicleta.

Vestia umas bermudas castanhas e sandálias de tiras quase a rebentar. Fazia uma manhã bonita com andorinhas na casa da tia Iracema – mas eu estava triste.

Nos últimos dias devem ter me falado muito sobre a escola. Para eu não ter medo. «Quem não vai à escola fica maluco», eu dizia à minha mãe enquanto saía do banho na noite anterior. «Os malucos comem lixo no contentor do lixo», a minha mãe me enxugava o corpo com as mão da ternura dela. O meu pai era mais directo a falar nesse assunto: «Amanhã, depois do matabicho, vais à escola!»

Parece que as mães sabem umas coisas dos filhos que os pais não sabem. Eu nunca tinha ido à creche, berrava desde de manhã até ao fim da tarde. E a minha mãe não gostava de me encontrar assim com os olhos vermelhos e inchados.

A minha creche foi na casa da tia Rosa, com a gaiola das rolas, o quintal cheio de cerveja e a música do Roberto Carlos durante a tarde. Mas a escola já era outra coisa. A minha mãe ficou a olhar para mim enquanto o meu pai falava.

– E é tão perto que podes ir sozinho.

– Mas se é tão perto, então podes me levar.

Ele disse que sim. Nessa noite não gostei muito de ver a telenovela e só queria fazer assim muitas perguntas.

– Mas quantas horas é que fico lá?

A mana Tchi que já estava na escola há um ano ia respondendo a tudo assim a rir e a olhar para a minha mãe antes de responder.

– Mas os meus amigos também vão estar nessa tal de sala de aulas?

A minha mãe disse que achava que sim, que alguns da minha rua, da mesma idade, também poderiam aparecer lá, de manhã.

No dia seguinte o meu pai acordou-me para eu ir matabichar com ele. A minha mãe ficou lá em cima a fazer outras coisas. Cada vez eu ficava mais triste e com vontade de chorar. Afinal já não me apetecia nada ir à escola.

– Pai, mas todos mesmo que não vão à escola ficam malucos, ou só alguns poucos?

O meu pai apontou para o pão que eu quase não tinha comido ainda.

– Tens de ir à escola, filho. Para aprenderes muitas coisas. – Ele tomava o leite dele muito quente com café a escurecer essa mistura bem-cheirosa.

Olhei o abacateiro. Que bonito: o corpo dele tinha uns desenhos que pareciam uns rios só que sem água ou então pareciam as mãos enrugadinhas da avó Chica. O meu pai olhou as horas.

– Vamos?

– Mas ainda nem fiz chichi.

Ele ficou à espera, ali, na porta aberta da casa de banho. Fiz um chichi demorado mas não dava para demorar mais porque já tinha feito de manhã cedo. Sacudi a pilinha para não sujar a cueca.

– Vamos, filho.

– Mas não vou dar um beijinho à mãe?

– A mãe tá ocupada lá em cima.

– E a mana Tchi não quer vir connosco?

– A Tchissola estuda à tarde. Vamos.

Já não tinha mais coisas para falar.

Lembro do barulho bonito das andorinhas enquanto eu tive que atravessar a varanda e o jardim, de mãos dadas com o meu pai. Nunca aquele bocado de caminho me custou tanto. Olhei para dentro de casa e o corredor estava escuro, mas ainda vi, assim meio escondidas, a minha mãe e a mana Tchi.

O pai fechou o portão pequeno. A escola era ali mesmo em frente de casa e até podia entrar por um buraco no meio das trepadeiras. O meu pai disse que tínhamos de entrar pelo portão principal.

Chegámos lá. Distraí-me um bocado com as vozes de tantas crianças a falar tanto logo de manhã. Eram crianças contentes. Vi o tio Dibala de mãos dadas com o Kiesse, a tia Dina com o Helder, os outros miúdos eu não conheci mas pareciam alegres com essa coisa do primeiro dia de aulas.

Pensei que a escola era um lugar com tantas cores e muita gritaria. O tempo passou um bocadinho. Alguns miúdos, pequeninos, começaram a chorar quandos os pais deles foram embora. As meninas não choravam tanto.

O meu pai quis ver-me a entrar na sala de aulas. Cumprimentou uma senhora e ainda veio falar comigo.

– Esta é a camarada Ana Maria. Vai ser a tua professora. Porta-te bem.

Ela deu-me a mão. A mão dela estava fria. Ou então era a minha. Chamei o meu pai para lhe dar um beijinho. Falei bem baixinho.

– Pai... Não quero ficar aqui. Posso ir contigo para casa?

– Não, filho – ele falou devagarinho. – Tens de ficar aqui. As aulas acabam às 10 horas. Depois vais para casa e encontras a Tchissola, a mãe e o camarada António.

Fiquei a olhar o pátio quase vazio. O meu pai ia a fumar e saiu pelo portão principal. A tal camarada professora ficou a falar muito tempo com uma camarada professora que se chamava Berta. Só depois entrámos na sala de aulas. Vi todos quietinhos e sentados. A camarada professora sentou-me numa carteira no primeiro lugar da fila. Passados cinco minutos, levantei-me e fui falar com ela.

– Camarada professora, posso ir fazer chichi?

A camarada professora fez que sim com a cabeça e continuou a escrever no quadro com um giz amarelo. Devagar, peguei na minha mochila e saí da sala.

O pátio estava muito vazio e, na areia toda desarrumada, havia mil pegadas de mil sapatos pequeninos mais os sapatos dos pais e das mães de todas as crianças. Cheirava a de manhã.

Passei pelo buraco das trepadeiras. Vi a minha casa. Atravessei a rua devagar, cumpimentei um FAPLA da casa da tia Mambo e vi que o carro do meu pai já não estava ali. O portão pequeno estava aberto, entrei e sentei-me nas escadas da varanda.

– Ó filho – a minha mãe chegou e sentou-se perto de mim. – Então não foste à escola?

– Fui.

– Mas não ficaste lá.

– Não.

Pensei um bocadinho. Tirei a mochila das costas. Olhei para a relva mas não vi nenhum caracol, nem só um gafanhoto. Havia, sim, alguma poeira nas folhas da trepadeira. Não sabia o que dizer.

– A camarada professora deixou-te sair mais cedo, filho?

– Sim, mãe, foi isso mesmo.

O meu pai já tinha ido trabalhar. O camarada António veio espreitar a conversa. A mana Tchi chegou e sentou-se ali connosco a olhar as pessoas que passavam na nossa rua. A dona Maria limpava o passeio. A avó Leocádia se calhar ia à missa. A Ndahafa ia dar aulas. Não havia barulho bom de andorinhas.

– Tás a pensar em quê? – a Tchi perguntou.

– Que as andorinhas são como o papá... Já foram trabalhar.

A minha mãe riu. O camarada António também. O mundo cheirava a de manhã cedo.

A FELICIDADE DELES

Patrícia Reis

Patrícia Reis nasceu em 1970, começou a sua carreira jornalística em 1988 no semanário *O Independente*, passou pela revista *Sábado* e realizou um estágio na revista norte-americana *Time*, em Nova Iorque. De volta a Portugal é convidada para o semanário *Expresso*, fez a produção do programa de televisão Sexualidades, trabalhou na revista *Marie Claire*, na *Elle* e nos projectos especiais do diário *Público*. Escreveu para a Expo '98 o livro sobre a exposição de Paris 1989, um livro sobre o Pavilhão de Portugal e um sobre os espaços públicos do recinto da mesma exposição. Editora da revista *Egoísta*, é sócia do *atelier* de *design* e texto 004, participando em projectos de natureza muito variada.
Escreveu a curta biografia de Vasco Santana e o romance fotográfico *Beija-me* (2006), em co-autoria com João Vilhena, a novela *Cruz das Almas* (2004) e os romances *Amor em Segunda Mão* (2006), *Morder-te o Coração* (2007), que integrou a lista de 50 livros finalistas do Prémio Portugal Telecom de Literatura, e *No Silêncio de Deus* (2008), que confirmou Patrícia Reis como uma das mais originais e poderosas escritoras da actual literatura portuguesa.

Para Elvis e Luís,
dois homens à beira da água

A sala estava repleta de computadores. Era branca e infinita. Em mesas corridas, os ecrãs e os teclados eram utilizados por homens e mulheres sem distinção, todos vestidos de azul-escuro com sapatos confortáveis. Sem serem exactamente iguais, clones uns dos outros, eram similares, de uma forma invulgar, fixavam os ecrãs e escreviam com todos os dedos. A sala, estranhamente, mantinha-se silenciosa. A meio havia um corredor, uma espécie de divisória, apenas uma passagem. As mesas não acabavam. Ao fundo, distinguia-se um vulto que, em passo lento, seguia junto às mesas de trabalho, por vezes parando, olhando, verificando, dizendo algo em surdina. Era um local inesperado. Não tinha um nome atribuído; enfim, possuía uma designação quase hilariante que «os outros» construíram ao longo dos tempos. Para homenagear essa fonte extrema de imaginação do Homem, alguém poderia ter escrito na parede: Céu. Porém, não existia por ali ninguém com esse sentido de humor, excepto Deus, claro, mas esse estava extremamente ocupado. Gostava de citar Estaline, um ditador perdido na história «dos outros» – assim eram conhecidos os seres da raça humana – que dizia que mandava fazer, mas gostava de conferir. Deus verificava tudo. Ninguém sabia como é que ele conseguia, afinal eram muitos ecrãs, cada um representando, pelo menos, cem vidas distintas. Os operadores eram responsabilizados pelas vidas que tinham em mãos. Sabiam ao pormenor os aspectos mais bizarros das histórias dos homens e das mulheres que, na Terra, repetiam as instruções que eles ditavam nos seus computadores supersónicos e avançados. Os operadores eram, portanto, uma espécie de escribas supremos, servindo um Deus que podia ter os seus momentos de ira e de bondade, misturando emoções com uma violência tal que, por vezes, aconteciam desastres. A estes desastres «os outros» chamavam catástrofes, e atribuíam à Natureza um papel determinista nos sucessivos azares. A verdade era diferente. Na sala branca, os operadores escreviam e escreviam, incansáveis, dormindo apenas quando as pessoas que estavam sob a sua alçada faziam o enorme favor de adormecer.

Numa sala ao lado, em tudo igual a esta, outra equipa de operadores, também supervisionados por Deus, embora de forma mais errática, era responsável pelos sonhos. Escreviam-nos num registo de alguma estranheza e, como não causavam tantos conflitos na vida real, davam-se ao luxo de brincar e misturar vidas e eventos. Nos sonhos tudo é possível e a coerência não impera. Os operadores da sala dos sonhos eram considerados aprendizes. Ainda faziam muitas asneiras, não podiam ser autores da vida de ninguém. Os sonhos pouco importavam, a maioria esfumava-se ao acordar e «os outros», mesmo tentando fixá-los, enfrentavam uma dificuldade enorme ao fazê-lo. Alguns insistiam e escreviam anos a fio sobre o mistério maior dos sonhos, sobre o funcionamento inexplicável do cérebro. Deus achava alguma graça a esta tentativa dos humanos de decifrarem os sonhos, como se chegassem a uma consciência. Ora, a consciência ditava-a Ele na sala ao lado, nos pequenos gestos que cada criatura produzia na vida que Lhe destinara. O resto eram lérias.

Foi muito cedo que Deus percebeu que a vida não teria significado sem dor, sem reveses, altos e baixos que levariam «os outros» a entender que viver é uma construção com o propósito único de aprender algumas lições básicas. Sim, a lengalenga sobre a bondade, paridade, amor e sinónimos. O problema com «os outros» começara com o excesso de imaginação de alguns operadores. Era preciso toda a sua atenção para que nada descambasse. Deus não gostava de ver «os outros» sofrerem, nada disso, mas entendia ser necessário sublinhar amiúde a pequenez de tudo o que existia. Não estava preocupado com as potenciais queixas. Não existia, ao contrário do que «os outros» pensavam, uma sala para o atendimento de queixas. Ele não tinha tempo para ouvir preces ou pedidos especiais. Estava demasiado ocupado a ver que tipo de vida é que os seus milhares de operadores desenvolviam consoante o tempo, a zona geográfica, a raça, o sexo, a etnia, a religião. Achava alguma piada a intervir, aqui e ali; a sugerir uma redenção a um operador que tinha levado «um outro» até ao poço mais fundo. Dizia, magnânimo, que as oportunidades dão-se para serem desperdiçadas, existirão sempre novas oportunidades. Deus era, assim, a favor das novas oportunidades. Sabia que a Terra se desenvolvera de forma a criar guetos e outras maleitas. Culpa dos seus operadores? Sim, em parte, contudo essa irregularidade também era uma forma de equilíbrio.

Deus possuía os tais momentos de ira e de emoção. Deus era Todo-Poderoso, sem dúvida, estava ao seu alcance criar e destruir. Julgava a parte da construção como algo de mais interessante. Todavia, nos momentos de desalento, perdia a vontade e destruía. Ou mandava destruir. Os operadores eram eficazes e rápidos, entendiam com facilidade o que Ele pretendia. Só não compreendiam o capricho de possuir um computador à parte, mais luzidio, com um ecrã de definição total, onde tomava conta, pessoalmente, da vida de quatro ou cinco criaturas, de «outros» sem significado específico. Não eram pessoas dignas de nota, homens no poder, mulheres com ideias e empreendedoras, crianças dotadas. Deus entretinha-se com a classe média ou baixa. Com os que não tinham ambições de maior.

Para citar um caso específico, Deus desenvolvera uma fixação numa história particular de uma miúda com catorze anos, apostada em fazer vencer a ideia de felicidade. Para Ele era estranho que alguém concebesse a felicidade de uma forma singela e tangível. A felicidade era um dos seus jogos, ou promessas, como diriam «os outros». E aquela miúda decidira baralhar tudo sozinha, sem que Ele, como operador supremo, conseguisse controlar fosse o que fosse. A miúda dera um salto de fé tão violento que derrubara a Sua vontade.

Teresa estava determinada a ser feliz como outras pessoas estão convictas do seu caminho para o sucesso financeiro. Não pretendia possuir casas e contas em bancos diversos; não era sobre isso. A felicidade residia na redenção da sua mãe, em exclusivo. Era um projecto com ambição suficiente para se ocupar dele uma vida inteira. Não cometeria os mesmos erros, seria perspicaz e cultivaria a bondade de uma forma misteriosa e altruísta sem se perder nas malhas da ingenuidade. Ao mesmo tempo, arrastaria, como um barco de pesca, a mãe e a irmã nesta intenção de ser distinta e de ver na vida o que tão facilmente se esconde. Quando terminou de dedilhar estas convicções que incorporaram a mente de Teresa, Deus surpreendeu-se. Não era o seu tipo de história. Era mais dado a épicos de vontade e de teimosia, tinha-os criado com enorme valentia ao longo dos tempos e alguns exemplos ainda prevaleciam como modelos a seguir. No caso daquela mulher, deixou a coisa correr, sentindo, é certo, um certo embaraço no caso de ser apanhado por um operador mais curioso. Olhando à sua volta, a sua sala permanecia tranquila, todos os olhos fixos nos diferentes ecrãs, nada de novo. Uma rebeldia seria impensável. Deus suspirou e regressou àquela história de vida. Sentia-se lamechas nessa tarde, embora nunca o admitisse.

A decisão sobre o exercício da felicidade – ou sobre o índice dessa sensação na vida de Teresa – foi tomada quando esta completou catorze anos. Deus considerou que a idade era justa. Não era uma criança, não era exactamente um adulto. O pai acabara de deixar a casa em silêncio, retirando-se à força, escoltado por dois polícias à paisana. Para se entreter, ela decidira fazer arroz-doce sem ovos, com raspas de limão e açúcar amarelo, distraindo a irmã mais nova nas delícias do tacho, mexer, mexer com cuidado. A mãe permanecera no quarto de casal, paredes meias com a sala. Ouviu-a gemer quando a porta da rua se fechou com o fim da violência. Com o seu corpo franzino, cabelo preso na nuca com um elástico velho, Teresa abandonou a cozinha dizendo para a irmã

Não deixes de mexer o arroz ou queimas o fundo do tacho. Se parares de mexer estragas tudo.

Aproximou-se do quarto da mãe, bateu à porta, apenas um toque ligeiro, uma intenção. Sentou-se na cama ao seu lado e começou a contar.

Quando tinha dois anos caí ao rio. Era muito pequena. Andava de fralda.

Sim, filha.

O cão salvou-me.

Pois foi. Eu lembro-me.

Isso faz de mim uma pessoa diferente, mãe. Sei coisas que tu não sabes e vou-te dizer agora como vais viver a tua vida.

Está bem.

A mãe passou a mão pela cara, um gesto cansado, uma intensa dor indizível. Tudo o que fizera para proteger as filhas terminara naquele dia, no minuto anterior. Não queria falar sobre isso. Estranhava o cheiro adocicado que invadia a casa. Quis levantar-se, mas sem coragem, encarou a filha mais velha com os olhos azuis sem fim. Deus sentiu um aperto no peito. A menina-mulher disse

Estamos sempre sós, mãe. Sempre. Mas estamos sempre juntas, não é? E agora vamos ser felizes.

E o que é ser feliz?

Vamos fazer uma lista. Ser feliz é o arroz-doce que vamos comer ao jantar. Ser feliz é o conjunto de lençóis brancos que vais estrear hoje na tua cama de solteira. Ser feliz é saberes que estás aqui.

Onde é que tu descobriste essas coisas? Essas ideias?

Nos livros. Quando quiseres estar triste e chorar dou-te livros para chorares. Na vida vais ser feliz.

Assim de repente?

Assim de repente.

A decisão foi tomada sem grandes preceitos ou mais discursos. Deus encarregou-se disso. A decisão não iria, de forma alguma, esmorecer; pelo contrário, iria engrandecer e ser central na vida daquelas mulheres. Hoje, Teresa já não se recorda das palavras que disse, tudo aquilo que somou para mudar a vida, mas a mãe sabe dizê-las com exactidão. Recita cada palavra de cor, como uma oração. Diz às amigas que a filha é o seu anjo-da-guarda, o que, obviamente, não é possível, porque os anjos-da-guarda nunca foram inventados por Deus. Nunca teve tempo para isso e nunca os considerou necessários. A ideia filosófica e artística dos anjos, essa sim, fora criada por um dos operadores mais veteranos, há muito tempo, quando o mundo estava imerso numa enorme treva. Fora uma ideia feliz, por assim dizer.

Dos catorze aos dezoito, Deus decidiu que Teresa ensinaria a mãe a viver em felicidade, de tal forma que um bolo desenformado com categoria e sem erros passou a ser motivo de aplauso; uma ida a supermercado perdeu a banalidade para se transformar na preparação de um festim, mesmo que parco; uma série de televisão seria a companhia perfeita e a origem de conversas interessantes que, mais tarde, se expandiriam para os livros. A literatura – aliás, as Artes – sempre tiveram imensa importância para Deus. Pequenas coisas, sem importância na vida das pessoas comuns, adquiriram uma proporção esmagadora para Teresa, para a mãe e para a mais pequena, a cara de bebé, Joana. Três mulheres estranhas que coincidiam nesta aprendizagem forçada de ver o mundo pelo avesso. Sempre que surgia um problema, treinavam-se para o desprezar, encarando-o como um mal menor, uma erva daninha incómoda e sem importância. Nada as demovia do plano da felicidade. Deus certificava-se disso. Ao jantar, como um ritual quase religioso, a Teresa começava

Qual foi o ponto alto do teu dia, mãe?

E as histórias desfiavam-se como contas perfeitas, criando um colar forte e coeso, lindo e brilhante, cheio de momentos raros e estranhos.

Hoje no estacionamento faltavam-me cinquenta cêntimos e um senhor, muito amável, deu-mos.

Que sorte.

É verdade, filha. E sorriu-me. Foi bom.

Joana entendia que as histórias do jantar eram uma espécie de competição, por isso tomava nota de todos os eventos que podiam ser considerados bons ou felizes. Deus ajudou-a a criou um método de avaliação dos momentos eficazes da vida, um método capaz de surpreender a mãe e a irmã com pequenos episódios onde a pureza ressaltava inesperada.

Hoje assisti a dois surdos-mudos a discutir no metro. Não sei nada de linguagem gestual, mas percebi que era uma coisa de namorados. Cheguei ao pé deles e dei-lhes um beijo na cara. Riram-se e ficaram melhor.

Teresa espantava-se com o crescimento da irmã, com a sua invulgaridade. Joana não era uma miúda como as outras. Possuía um dom: o do apaziguamento. Trazia com ela um misto de calma e sabedoria que tornava a vida mais fácil. Além desse dom, Joana cantava e todos os pretextos eram válidos para encher a casa com música. Concordaram que as canções tristes não perdiam validade, eram permitidas, apesar de intervalarem com poemas mais alegres, em fado ou em canções da moda, dessas que se aprendem nas telenovelas. Teresa não se preocupava com a irmã. Deus também não. Havia um operador que desenhara há muito um percurso razoável para ela. Deus estava satisfeito. Por ora, ela cantava e seguia a sua rota no mundo com uma segurança invejável. Não tinha más recordações. Ou, se as tinha, estavam guardadas num baú escondido, como os baús dos soldados de outras guerras.

Teresa concentrava as suas energias na mãe e no combate à tristeza. Acreditava que a existência da tristeza era um oleado não iluminado que podia alastrar como uma doença terminal. Deus sabia que uma tristeza era capaz de abafar tudo o resto; um vírus feroz e aceite socialmente com uma facilidade assustadora. Teresa passou a saber também. As amigas perguntavam muitas vezes

Tu não choras? Não ficas triste, Teresa?

Para quê? De que serve a tristeza se posso rir até chorar?

Nos bons dias, Teresa levava a mãe a passear à beira-mar, um dos passeio de eleição de Deus. Ficavam a ver os outros, a vida dos outros. Como naquela tarde em que dois homens, calados há já um tempo, olhavam o mar e elas decidiram ficar a medir a extensão da felicidade que deles transbordava. Acreditou que, naquele preciso momento, o universo se tinha desligado. Estava suspenso. De certa forma, era verdade, porque Deus tinha-se esquecido dos seus múltiplos deveres e estava há horas dedicado a Teresa e à mãe. Nada mais o comovia. O que importava – tudo o que importava – concentrava-se na visão do mar e no barulho crescente dos risos e mergulhos, ondas que se confundiam com corpos, mãos e pés que surgiam, improvisos, peixes-crianças que se mexiam numa dança sem coreografia. «*A praia deserta, zumbir na areia, concha de mel*», o vento cantarolando um clássico brasileiro para que não existissem surpresas. A mãe a acompanhar, cantando baixinho, coisas da meninice. E os dois homens, junto à margem, olhando em silêncio os oito miúdos que, dentro de água, atiravam os corpos para as profundezas, peixes-crianças que são a glória do fim do Verão. Com um sorriso ligeiro os homens comentaram, por fim, as brincadeiras aquáticas, talvez recordando tempos preciosos em que tinham sido assim. De súbito, os corpos dos miúdos transformaram-se em peixes-voadores e saltavam com energia, num impulso mais forte vindo de dentro de uma gargalhada interrompida pelo rebentar da água. Deus, Teresa e a mãe, mudos, observavam com encanto o fascínio dos homens, as brincadeiras dos filhos dentro do mar bondoso. Os cabelos molhados das crianças exibiam algumas algas e o jogo do atira-vê-se-ficas-com-cabelos-verdes era uma constante. Os homens romperam o silêncio.

Daqui a pouco estaremos sozinhos.

Sim. Eles terão outros programas.

Estaremos mais sossegados.

E cheios de saudades.

A mãe apertou o braço da filha e, sussurrando, vaticinou:

Só se tem saudades de quem se gosta.

Os dois homens ficaram a ver as crianças e Teresa pegou na mão da mãe, tirou o chapéu de palha e desafiou-a a procurar conchas perfeitas, milagres do Atlântico que se espalhavam no início do areal, onde o mar ainda vem fazer das suas. Alegrava-se com o amor dos pais pelos filhos, sem nunca pensar no seu próprio pai. O amor daqueles homens reconfortava-a nas coisas da sua vida antes de ter decidido ser feliz. Andaram durante muito tempo, os pés a imprimir a areia, a água a escapar-se até aos joelhos num assomo de força. Quando o céu ficou cor-de-rosa e laranja, a mãe deixou escapar uma lágrima. Teresa estacou.

Estás triste?

Não, Teresa, estou contente. O céu está lindo, tão lindo e eu acho que nunca o tinha visto assim.

Então por que choras?

Por alegria. Ou por melancolia. Mas não por tristeza, não penses.

Teresa considerou o seu plano de felicidade e como era frágil essa perseguição quase nefasta e inútil. Deus seguiu-lhe os pensamentos. Tudo no mundo parecia mostrar que seria mais simples inverter as ideias, seguir as pisadas dos demais. Dizer mal. Acumular queixas em camadas sucessivas. Desprezar os tons únicos do céu, as estrelas a piscar, as gargalhadas dos miúdos e outras coisas. Sentiu-se pequena. Deus, por seu turno, sentiu uma dor ligeira no braço esquerdo.

Estou a obrigar-te a ser feliz, mãe?

Não, Teresa, estás a fazer com que eu tenha uma vida, estás a fazer com que mais tarde possa dizer que vivi.

E achas que isso é a felicidade?

Não pode ser outra coisa, pois não?

Deus sorriu. Um dos operadores mais novos fez-lhe sinal. Estava com problemas, havia questões prementes a resolver. Levantou-se do seu lugar sem grande vontade. Hoje estava satisfeito Consigo. Amanhã seria outro dia.

LETRAS PERIGOSAS

Pepetela

Pepetela nasceu em Benguela, Angola, em 1941.
Licenciou-se em Sociologia, em Argel, durante o exílio. Foi guerrilheiro pelo MPLA, político e governante. Foi, desde 1984, professor na Universidade Agostinho Neto, em Luanda, e tem sido dirigente de associações culturais, com destaque para a União dos Escritores Angolanos e a Associação Cultural e Recreativa Chá de Caxinde.
A atribuição do Prémio Camões (1997) confirmou o seu lugar de destaque na literatura lusófona.
Da sua vasta obra, destacamos: *Muana Puó* (1978, romance), *Mayombe*, Prémio Nacional de Literatura (Angola) (1980, romance), *O Cão e os Caluandas* (1985, romance), *Yaka* (1985, romance), *Lueji, o Nascimento de Um Império* (1990, romance), *A Geração da Utopia* (1992, romance), *A Gloriosa Família* (1997, romance), *Jaime Bunda, Agente Secreto* (2001, romance), *Jaime Bunda e a Morte do Americano* (2003, romance), *Predadores* (2005, romance), *O Quase Fim do Mundo* (2008, romance), *O Planalto e a Estepe* (2009, romance).

O escritor era um homem feliz. Pelo menos nessa manhã lançando mais um livro, o oitavo. Depois de incursão juvenil e desastrosa na poesia, os sete seguintes foram romances. O lançamento acontecia no passeio de uma rádio com larga audiência, para a qual dera uma entrevista. A rádio passou integralmente a entrevista na véspera e repetia extractos naquela manhã, convidando os ouvintes a aparecerem na portaria para comprarem o livro e obterem um autógrafo. O sistema funcionava. O escritor nunca tinha sequer sonhado com tanta gente à espera de dedicatória sua. O editor irradiava júbilo, é um êxito, é um êxito, imaginando já a primeira edição esgotada no acto do lançamento, o que nunca lhe acontecia.

Parte do êxito poderia ser atribuída ao percurso do autor, exilado voluntariamente há muitos anos na Europa, colhendo prémios de consolação enormemente empolados na imprensa local pelo orgulho patriótico, fazendo dele um dos embaixadores mais badalados da jovem nação. Não era consensual, pois o facto de viver fora causava alguma incomodidade ao regime. Se os prémios não lhe aumentavam por aí além a conta bancária, ao menos davam algum prestígio e chamavam a atenção da imprensa. Não venderia muito mais livros com essa publicidade duvidosa, mas sentia afagado o ego por contemplar e recontemplar a chipala impressa nos jornais e a frase se repetindo em todos eles: «consagrado escritor angolano». Já era qualquer coisa.

Enfim, a longa ausência devia ter criado sede nos leitores e eles vinham ver de perto o tal escritor que ganhava prémios, era referência obrigatória nas escolas e nunca aparecia ao público da terra. De facto, passados os primeiros anos se roendo de saudades e dúvidas, chegara à fase de dizer «Voltar lá? Com aquele regime despótico e corrupto? Nem morto!» Depois houve mudanças no país, mas sobretudo no escritor, o peso dos anos e o bolso eternamente vazio relativizando convicções. Quando o editor lhe acenou com lançamento original, viagem paga, estadia em hotel de quatro estrelas, meteu os sentimentos negativos na gaveta, vestiu a pele do nacionalista enfim liberto e regressou à pátria.

A afluência se devia também em boa parte ao trabalho da rádio, pois os kaluandas, aproveitando as ruas com parco tráfego no domingo, saíam em passeio gozando os ares menos conspurcados de poluição que nos dias de semana, e se deparavam de repente com um cartaz de convite a entrarem na fila. Igualmente os que tinham o hábito de aproveitar o domingo para rodarem de carro ouviam a publicidade do evento e diziam, já agora vou até lá ver com quê se parece o afamado. Além do mais, não custava estacionar, esperar na fila ao fresco e obter um autógrafo.

O método tinha sido objecto de discussão do editor com o autor, este sem acreditar nas virtudes da ideia, o editor insistindo, se dá para vender discos por que não dá para vender livros? Para os discos é fácil, eles põem a música no máximo do som e as pessoas são atraídas, dizia o exaltado autor. Ali chegadas, compravam o CD quase por vergonha. Os livros não, os livros não se põem aos berros a conclamar leitores. Ia cair no ridículo, sentado numa tendazinha a olhar o vazio, uma pilha de livros atrás e ninguém para os comprar, tendo por companhia o desconsolado editor, a mulher posta inutilmente para vender o material, e as moscas da rua. Afinal estava agora provado, o editor tinha razão.

– Por não terem visão para negócios é que os escritores são apenas escritores e não cangalheiros em época de epidemia de cólera – rosnava feliz o editor, triunfante em várias batalhas.

E apertava mãos, abraçava conhecidos. Já de si pessoa de trato fácil, bom conversador, nessa manhã estava exuberante. Olhava amorosamente a pilha de livros a baixar, ajudava a tirar mais exemplares dos pacotes, a esposa recompondo as pilhas ao mesmo nível. E vendiam, vendiam, as pilhas sempre a diminuir. De vez em quando deitava uma mirada para os pacotes, fazendo contas. Não tinha levado toda a edição mas, ao reparar no sucesso da sua ideia, telefonou ao cunhado, arrancou-o mesmo da cama com dois berros oportunos de tirar a ressaca da véspera, e o cunhado disparou para a editora a carregar o resto do que estava impresso. E hesitei eu no número, devia ter mandado imprimir mais, se penitenciava o editor. No entanto, era pensamento passageiro, não o suficiente para diminuir a alegria que o inundava. As despesas de publicação e mesmo os direitos de autor estavam pagos com o vendido até então. E ainda não se chegara ao meio-dia. Quanto ao gasto na viagem e hotel não tinha maka, empresas estatais patrocinavam actividades, se existisse por trás alguém de peso. E era primo de um muata, patrocínios não faltavam.

Também é justo referir que o tempo favoreceu a iniciativa. Estava fresco, manhã de cacimbo. Não havia por um lado a concorrência da praia. Por outro, o sol inclemente afugentaria muitos interessados mas sem vocação a mártires.

Para ser justo, o editor teve de recordar mais uma vantagem. Na entrevista, o escritor tinha sido hábil nas palavras. À pergunta porquê abandonar o exílio para lançar o livro, não tendo acontecido em ocasiões anteriores, deu uma explicação brilhante sobre a angústia batendo nele ao relembrar o mar de Luanda, único no mundo pois trazendo um perfume de kianda melhor que qualquer invenção francesa do género. E tinha de súbito recordado o sabor do mufete de carapau com feijão de óleo de palma, impossível de encontrar igual nos sítios onde se exilara, e também morria em saudades de observar uma bunda ritimando sons nos passeios de Luanda, não existindo parecido em termos de bundas, talvez só no Brasil e mesmo aí... E, se não chorava, tinha voz soluçante que os ouvintes atribuíam a pranto convulsivo, se comoviam com os anos eternos de sofrimento do escritor longe do seu povo, queriam ouvir mais. Mesmo à difícil pergunta, mas afinal qual a razão do seu exílio se nunca ninguém lhe fez mal, soube responder, pois se de facto não sofrera ameaças físicas, havia a fraqueza do seu carácter que não suportava contemplar tanta miséria alheia, ainda se fosse ele, um adulto responsável, tudo bem, mas as crianças, coitadas, inocentes, sofrendo de fome, doenças, desinstrução, condenadas a um futuro pior ainda, fora fraco, preferira fugir para ares mais sadios, se refugiar nos seus modestos livros e neles se redimir de todas as covardias. Mas agora aí estava, revigorado, um novo homem, pronto a se penitenciar e enfrentar a realidade, mesmo se dura. O tom sincero, a beleza das palavras escolhidas em numerosos ensaios no gravador de bolso, a dor intensamente treinada para cavalgar a voz, toda essa representação magnífica comoveram os primeiros ouvintes. A rádio, por outro lado, aproveitou as frases de maior impacto e repassava-as amiudadamente, comovendo outros.

Tudo conjugado explicava o êxito. O seu êxito, do editor, o homem da ideia. Respirou fundo, empolgado. Passou as mãos delicadamente pelas abas do casaco, acariciando o estatuto conferido pela veste. Trajava fato cinzento e sapatos pretos luzidios, com uma camisa amarela, de que só se via a larga gola aberta. Era homem elegante, habituado a usar a moda do momento, o editor. Conhecia imensas pessoas, por isso não parava os cumprimentos, incentivando-as a levarem mais de um livro, e então para o seu primo não leva?, e para a cunhada que gosta tanto de ler? Será difícil estar de novo diante de um ícone sagrado da nossa literatura, aproveite. Alguns se deixavam convencer, compravam mais um livro, mesmo sem saberem ainda para quem.

O escritor, meio surdo pela idade e frequência assídua em discotecas afro na Europa, atento aos lábios das pessoas para adivinhar os nomes da dedicatória, desconseguia de seguir as conversas do editor. No entanto, a alegria deste era contagiante. Cogitava, a causa de tanta alegria só podia ser comum, o facto de inúmera gente comparecer na sessão de autógrafos. Claro, se era bom para ele ainda era melhor para o editor, o qual, por cada livro vendido ganhava o dobro dele, o escriba, que tinha perdido noites e noites para compor um romance à altura, não só do seu talento já há muito comprovado mas também das suas ambições à imortalidade.

Tinha perdido as ilusões quanto ao sucesso financeiro, pois, sem uma edição importante nos Estados Unidos ou na Alemanha, países ditando os mercados literários, nunca poderia aspirar a uma conta choruda num banco. O que publicara até aí dava apenas para se gabar de ser escritor e ter regularmente a chipala nos jornais da terra e, por quase milagre, num ou outro diário estrangeiro. Para dizer a verdade verdadinha, vivia dos parcos euros ganhos em dar aulas de kimbundu a uns saudosistas pós-coloniais em Lisboa, depois de ter tentado sem sucesso o negócio das curas físicas e mentais, usando «medicina tradicional angolana». Logo ao fim de alguns meses teve de desistir por não saber responder às constantes recriminações e ameaças de pacientes mal curados. Mais cedo ou mais tarde, chegaria à polícia um telefonema anónimo de denúncia e ele teria de fugir com a trouxa dos capins e pós medicinais, mais os cristais apanhados numa pedreira e apresentados como mágicos. A cadeia por práticas ocultistas e trafulhice seria a alternativa. O kimbundu era algo de seguro, não exigindo grandes dotes de gestão ou empreendorismo. Uma dúzia de alunos regulares pagavam o suficiente para ir sobrevivendo, pois não tinha família a sustentar. É verdade, os alunos nunca conseguiam aprender a língua secular, porém ele também não se importava com isso, a atenção virada para as linhas dos seus livros.

Já o dia se aproximava do meio e o ar tinha aquecido ligeiramente, mas a fila à sua frente não diminuía. Por este andar, haverá segunda edição, pensou também o escritor, entusiasmado, pois tal nunca lhe tinha acontecido. Havia livros esgotando a primeira edição, mas ao fim de tanto tempo de luta nas livrarias que os editores não arriscavam uma republicação, se dando por felizes em recuperarem o investimento da primeira. Desta vez seria diferente. Já devia ter voltado à terra há mais tempo, aqui estava o seu povo, o público idólatra. E se comovia a arredondar as palavras nas dedicatórias, cada vez mais lento no escrever mas mais carinhoso na mensagem. Também nisto tinha ganho experiência, pois se demorasse tempo bastante a fazer uma dedicatória, a fila aumentava, chamando assim a atenção de novos passantes. Só o escritor trouxa, boelo, tenta despachar a sessão de autógrafos com frases curtas ou um muito obrigado, não dando tempo à acumulação de gente, o chamariz para outros. Lhe tinham ensinado na feira do livro de Carcavelos e nunca mais esqueceu. Arredondava pois palavras e frases, sorria, dizia algo amável ao futuro leitor. Ganhava o tempo que tinha a mais.

Coincidiu.

Trouxeram-lhe mais uma garrafita de água e o homem grande postou-se à frente da mesa. Trazia, não o livro lançado, mas o anterior. E vinha de testa franzida. O escritor bebeu uns goles, informalmente, pela garrafa, mostra de simplicidade. Esperou o nome desejado para a dedicatória.

– Sou o Jeremias Cangundo.

O escritor estendeu a mão para o livro que o outro segurava, mas pedindo para repetir o nome, pois não ouvira bem.

– Jeremias Cangundo. Então não me reconhece?

Até então poucas pessoas conhecidas dele se tinham apresentado, pois há muitos anos andava ausente da terra e a distância esbate as feições da memória. Seria então alguém com quem cruzara algures na vida.

– Desculpe, de facto não estou a ver. Jeremias Cangundo, disse?

– Escreve sobre mim e agora diz não me conhece? Jeremias Cangundo, sim, esse é o meu nome.

O escritor, além de meio surdo, tinha péssima memória, mesmo para nomes e enredos dos seus romances. Mas uma luz brilhou, Jeremias Cangundo era um personagem do livro transportado pelo homem grande.

– E chama-se assim? É curioso, uma coincidência.

– Então eu andei a comer a mãe da minha mulher e a minha sobrinha mais velha, além das cunhadas e vizinhas? Como pode ter inventado essa mentira? Sabe a maka que criou em minha casa?

Terminou o zunzum normal neste tipo de filas. Os mais próximos ouviam com atenção o diálogo, os mais afastados esticavam os pescoços para melhor escutarem. O editor, adivinhando problema, se aproximou também da banca.

– Espere lá – replicou o escritor. – Se o nome coincide, paciência, mas não é do senhor que se trata, nem o conheço. Não escrevi sobre si.

– E então quem é este Jeremias Cangundo? Não existe outro, já me informei. O senhor tem destruído a vida na minha casa, os amigos me gozam, os familiares fugiram para não desconfiarem que também foram comidos... Uma vergonha! Sabe o que é que essa mentira merece? Isto.

E o leitor indignado pespegou uma tremenda chapada no escritor, arrancando-o da cadeira. Nem teve tempo de se levantar do chão, pois um pontapé lhe acertou em cheio na anca e o fez rebolar aos gritos. As pessoas começaram a berrar, a fila se desfez para se refazer logo em círculo, todos querendo assistir à cena, ninguém com coragem de parar o grandalhão em plena acção de desforra. Depois de uns tantos pontapés, o autor se enrolou no chão, permanecendo imóvel, as mãos protegendo a cabeça. Meio inconsciente, mas com a memória recuperada por acção das pancadas, lembrou, de facto até pensei em mudar o personagem, Jeremias, nome de profeta, não era conveniente para um predador sexual. Pensou também por segundos, o dia começou tão bem, ia terminar ainda melhor. Afinal...

O indignado leitor continuava a pontapear, até três homens conseguirem segurá-lo, lhe falando sobre ficção, nada daquilo era real, apenas uma invenção, mas ele não parava de berrar, eu nunca comi uma familiar, é uma calúnia contra a minha sogra e cunhadas e sobrinhas. Estava demasiado irritado para compreender o que lhe diziam, é ficção, é tudo inventado, foi uma coincidência infeliz. Muito provavelmente Jeremias Cangundo nem sabia o que ficção significava. Imobilizaram-no, mas antes ainda conseguiu desferir mais um pontapé no momento exacto em que o escritor retirava uma das mãos da cabeça para verificar se já tinha terminado o ataque. O pé apanhou-lhe o queixo e projectou violentamente a cabeça para trás. Os mais atentos terão ouvido o ruído de algo a quebrar.

O escritor perdeu instantaneamente os sentidos.

A notícia em breve percorreu muitos jornais do mundo e até noticiários de televisão. «Escritor é barbaramente agredido quando assina autógrafos» era o título, com algumas variações, em função do espaço do destaque. Vários órgãos fizeram matérias sobre os livros do desditoso, o caso impressionou editores e leitores, acabando por haver várias reedições e mesmo traduções para o estrangeiro. Foi mais conhecido depois da sova que durante uma vida de trabalho. Ficou com a cara torta por causa do maxilar partido e a coxear, mas se tornou mais famoso. O editor aproveitou vender todos os livros no dia seguinte e imprimiu uma nova edição para o relançamento, cerimónia para a qual conseguiu honras de Estado, com a presença de vários ministros e milhares de assistentes, por uma questão de desagravo nacional. Mas o escritor, ainda em convalescença, recusou comparecer na cerimónia, nessa e em qualquer outra no futuro, ficando o relançamento da obra bastante obscurecido pela ausência. Os ministros reclamaram com o editor, responsável pela falta de segurança e por não terem os livros assinados. Ouvindo as reclamações, o editor pensava sem mexer as sobrancelhas sequer, esta gente agora veio aqui, mas não vai ler o livro, nunca lêem nada, cambada de ignorantes feitos muatas.

De todas as maneiras, vendeu muito da segunda edição, mesmo sem autógrafos. Ao pensar na lastimável cena do lançamento, ainda segredou para a mulher:

– É, afinal todas as profissões trazem seus perigos. Quem diz a de escritor é tranquila, ficando o tipo só no seu cantinho a escrever? Já foi tranquila, já foi.

Quanto ao escritor, jurou nunca mais incorrer em dois erros. O primeiro era de se expor em lançamentos de livros, sessões de autógrafos, palestras, coisas assim. E em segundo, nunca mais pôr nomes em personagens, apenas números. Por exemplo: a personagem 1, masculina, casa com a 2, feminina. A 3 é o amante de 2. 4, o pai de 1, resolve limpar a honra da família e mata 2 e 3.

No entanto, mesmo assim uma terrível ideia lhe inquietou o cérebro: com a balbúrdia dos serviços e a aceitação dos nomes mais estapafúrdios nas conservatórias, poderia existir alguém no mundo real chamado Personagem 1? E se viesse lhe pedir satisfações por o estar a chamar de corno? Essa dúvida fatal inibiu-o definitivamente. Se escreveu mais alguma coisa, nunca publicou.

Nem todos são heróis.

o fazedor de viúvas

valter hugo mãe

valter hugo mãe nasceu em Saurimo, no ano de 1971. É licenciado em Direito e pós-graduado em Literatura Portuguesa Moderna e Contemporânea. Vive em Vila do Conde.
Publicou três romances: *o apocalipse dos trabalhadores* (2008), *o remorso de baltazar serapião*, Prémio José Saramago (2006) e *o nosso reino* (2004).
A sua obra poética conta com mais de dez títulos, revistos e reunidos no volume *folclore íntimo*, de 2008.
valter hugo mãe é vocalista do grupo musical Governo (www.myspace.com/ogoverno) e esporadicamente dedica-se às artes plásticas.

o meu avô perdeu a amizade pelo zequilino cutelo quando a dona hortência genuína foi presa. o zequilino era presença dos dias todos na nossa casa, ficava até à hora de jantar e muitas vezes sentava-se à mesa connosco porque não tinha uma mulher que o esperasse. todos o conheciam como o fazedor de viúvas. era o fazedor de viúvas porque se metia com mulheres casadas que, breve tempo depois, enterravam os maridos. ninguém podia garantir que as incentivasse a livrarem-se deles, ao menos não até a dona hortência ter sido presa e saído de casa em braços do polícia tito mata aos berros aflitos, que ele, o zequilino cutelo, é que lhe tinha deixado um veneno para ratos nas mãos, que ele, o fazedor de viúvas, é que a tinha posto louca, uma mulher tão simples enganada por um homem tão perigoso. era o que ele queria. não queria mais nada. só que elas matassem os maridos. como se depois disso lhes perdesse o desejo, ou, de certeza, nem desejo algum lhes tivesse, só as queria deitar em perdição.

sim, porque se sabia que andara com esta e com aquela e, ainda que viúvas em liberdade sem o azar da dona hortência, ele já não as queria. mal o cornudo fosse à terra, ele desaparecia de beira delas. a minha avó, que pouco opinava sobre a amizade do meu avô com tão suspeito homem, no dia em que a dona hortência foi presa disse alto à entrada da sala, esse homem é um assassino, não o quero em minha casa. o meu avô silenciou-se como se fosse culpado e ouviu, comigo, o bater da porta da frente. a minha avó saíra para ver a algazarra na praça. saíra, corajosa, a criticar o marido com uma severidade tão arriscada. eu não compreendia porque haveria o meu avô tão ajuizado de manter amizades com o fazedor de viúvas. dizia-se que gostaria de tê-lo como irmão, se não tinha irmãos, não tinha mais família. mas um irmão que se escolhia devia ser um irmão melhor. eu via pela janela a minha avó na algazarra das conversas e esperava que viesse dizer-me que coisas se sabiam por certo e, mais ansioso ainda, esperava-a para se abeirar do meu avô e segurar a estranha relação que tinham, porque naquele momento ela era um fio esticado prestes a rebentar.

a dona hortência genuína era a mulher do coveiro, e ela de propósito o atirou para a cova. pôs-se toda vermelha na altura, isso foi verdade, que estava ali de lado ao caixão num choro convulsivo que, na certa, tinha mais de nervoso do que de tristeza. e depois o caixão escondeu-se e ela fugiu a sete pés para casa sem procurar grandes consolos das amigas. as mulheres ainda a seguiram um pouco de tempo, mas foram ficando para trás à medida que ela as enxotava e se apressava por se ter sozinha. o zequilino cutelo, bruto de dois metros de corpo, havia de estar no seu quintal à espera de a receber. pensava-se. mas talvez não fosse nada disso. e não terá sido. porque quando a prenderam, no dia seguinte, ele não estava para a acudir e ela odiava-o acima de tudo. o polícia tito mata ia de coração cortado enquanto a carregava como a um bicho para abater. muitos anos antes, a dona hortência trabalhara no posto do correio, e as pessoas mais velhas da terra conheciam-na e gostavam dela como tinham saudades de serem mais novas.

trabalhávamos na obra com o zequilino e, durante um tempo, era ele quem deveria tomar conta de mim. o meu avô assim lho encomendara. a ver se eu não perdia a melhor maneira de crescer, mesmo metido num lugar de adultos robustos e com poucas atenções para um miúdo. o fazedor de viúvas dizia que sim, que eu estaria debaixo das suas asas e não me aconteceria coisa errada. depois, deixava-me aos baldes de areia e seguia o seu caminho sem me ver mais dia inteiro. não olhava para ninguém. ele trabalhava como um animal arreliado. atirava as coisas em peso e achava que de outro modo faziam as meninas. nós não nos deixávamos por perto dele, mais a seguir que a dona hortência caiu em desgraça. era um assassino, via-se bem naquela cara fechada. o daniel, todo falante, engolia em seco perto dele e tentava agir com naturalidade, passando como por uma parede. fazia figas para que o outro não lhe dissesse palavra, fazia figas e salvava-se à pressa. o zequilino cutelo nunca dizia palavra a ninguém. se dissesse talvez alguém entendesse porque se fixava em mulheres casadas, porque as fazia enviuvar e porque as abandonava depois. se dissesse a alguém, era o que eu imaginava, diria ao meu avô, quem mais, o meu avô que o queria para irmão, não fosse a desgraça tão inequívoca da dona hortência genuína.

talvez o mouco, o coveiro marido da dona hortência, tivesse dívida com o fazedor de viúvas. eu não via bem que coisa fosse, mas passava-me pela cabeça que o mal que este queria às mulheres casadas seria mais exactamente um mal que queria aos maridos, se era destes que se ia livrando. não o comentei senão com a minha avó, que o zequilino haveria de escolher a dedo as mulheres dos homens que queria matar. e elas, burras, caíam por ele e faziam por ele o que lhes pedisse. uma velha de coração perdido é uma suicida, faz tudo, não tem muito a perder porque arrisca o que possui pela esperança de uma última emoção. a minha avó dizia-o e encolhia-se para cima do tanque. parecia que se acusava de algo. não o diria, eu sabia, não diria nada concreto como se formulasse um sonho. não formulava sonhos, dizia as coisas como se dissessem respeito às outras velhas, ela não seria uma velha assim. o mouco não era homem que incomodasse ninguém. por isso era tão bizarro supor que o zequilino lhe quisesse mal. o mouco era quieto, não se dava com os vivos, preferia os mortos. não ouvia o que lhe diziam, faziam-lhe confusão as conversas, não se entendia. passava os dias no cemitério a ajeitar as terras, a mudar os corpos de um lado para o outro, porque de tempos a tempos alguém tinha de ser trasladado. a dona hortência genuína não parecia ser mulher para infidelidades, mas um mês antes de tudo acontecer já a terra toda sabia das suas aventuras. o daniel divertia-se a fazer anedotas com o assunto quando eu, incrédulo, ainda não fazia muito caso. ele contava que o fazedor de viúvas haveria de a enlouquecer pelo meio das pernas. sabes, palerma, as mulheres acendem-se por aí acima, e queimam a cabeça no fim das contas. se ele lhe atear o fogo umas vezes, vai torrar aquilo tudo até não ter miolos para discernir mais nada. vai ser outra. tarda nada o mouco está fodido de pernas para o ar. assim que o mouco se fodeu, o daniel sorriu como um adivinho de sucesso.

quando, no dia seguinte, voltámos ao trabalho e o zequilino apareceu deixámos de respirar e carregámos baldes e passámos o cimento nos tijolos com medo de tudo. eu tinha uma esperança mínima de que, se se enfurecesse por algum motivo e nos quisesse mal, me poupasse por consideração ao meu avô. foi por isso que o espreitei pelo canto do olho, a ver como estaria, com que cara se punha num dia em que tão claras pareciam as suas intenções. e ele estava carrancudo e bruto como sempre. aquela pressa antipática do que fazia, a forma como se metia pela obra acima e abaixo com ar de quem precisava de acabar tudo num dia. espreitei-o e imaginei-lhe o coração espinhado como ramo de rosas, dentado, farpado, de lâminas revestido para esfacelar o amor. era com certeza um homem que esfacelava o amor, um homem para amores maus, a buscar o pior de uma relação. o daniel ficava mais perto de mim e dizia, se sobrevivermos a este dia acendo uma vela ao são bentinho. depois, levantava a mão e parecia que se benzia. mas não era religioso, era para se declarar assustado brincando como podia. e nós esperávamos que o fazedor de viúvas parasse um pouco num piso para começarmos a trabalhar noutro. e assim foi toda aquela semana, fugindo sofregamente daquele coração tão estragado.

eu explicava à minha avó como iam as coisas na obra. ela interessava-se mais do que fazia. ia perguntando a espaços, como se não quisesse perguntar tudo ao mesmo tempo para não chamar a atenção. o meu avô que não soubesse de histórias sobre o zequilino, que depois daquela desgraça não o queria saber vivo ou morto. era possível, na cabeça dele, que as pessoas fossem morrendo aos poucos consoante a negação dos outros. por causa disso podia exigir de nós que concordássemos quando dizia que o amigo de outro tempo estava verdadeiramente morto. era estar morto no nosso coração igual ao nosso coração ser espinhudo e preparado para sentimentos maus como o do culpado. via um coração ao alcance da mão, mas impossível de agarrar.

tudo isto é o amor que faz, disfarçava a minha avó. o amor é desenfreado, e se dá num tolo, ou numa tola, faz asneira na certa. as vozes de burro não chegam ao céu, diz o povo, e eu acho que coração de burro tem amor pouco divino. dá errado. para se amar é preciso ser-se inteligente, que a burrice é coisa só da paixão. eu arregalava os olhos e acreditava mal que a minha avó admitisse tanto pensamento sobre o assunto. e concordava, que a paixão era coisa de pouca dura e para a vida toda haveria de ser necessário um investimento dotado de grande imaginação. por contraponto a tudo o que me vinha à cabeça, via um coração inteligente, como um coração capaz de ter cabeça e descobrir o caminho mais benigno do amor.

mas não foi nada do que me convenci. o daniel a planear mil maneiras de encurralar a margarida, a florinda do talho a confiar à minha avó que o rapaz do camião afinal só se queria pôr nela, o meu avô a esmagar a bicha da couve com um brilho assustador nos olhos, e o focinho de alecrim furioso no fim do dia, agasalhado em demasia, mão cheia de flores inúteis a murchar. e eu, tarde e escuro, cansado, disse-lhe boa noite para as pernas me tremerem. boa noite. essas flores são malmequeres. descobrem as respostas dos corações. ou então ondulam ao vento, ou então o vento existe para as cheirar.

se o vento existisse apenas para cheirar flores. e se o vento existisse apenas para cheirar flores. se as flores fizessem o vento, discretas, a partir da força insuspeita do perfume. uma máquina estranha e quase imperceptível toda assente na ideia de espalhar o perfume, de espalhar o pólen. e com isto viessem as abelhas e o mel, mas com isto existisse sobretudo o vento, ou ao menos o primeiro vento com o qual se fez o velho sopro passando então na nossa terra.

sentei-me no banco de pedra. o focinho de alecrim gesticulava como se espanasse algo que não estava ali. gesticulava a cheirar os malmequeres e a expô-los ao ar como se esperasse produzir vento. fazia-o como se fazia esfregar pedra com pedra para acender fogo. queria acender vento por esfregar flores no ar. e eu nem lhe dizia nada. esperava para ver que mais diria e que calma poderia vir ao meu coração acelerado, sem me deixar respirar. se o meu avô me visse, abertas as janelas da nossa casa, em conversa com tão abstracto homem, teria sido o meu fim. mas eu não conseguia apressá-lo a explicar-me todos os mistérios do mundo. não podia abreviar momento algum, tanto aquele homem me habitava, tanto me pertencia, tanto esperei por conhecê-lo. e ele não se sentou. ficou de pé, como a trabalhar, e foi dizendo coisas muitas, com ar ansioso. ansioso também por ter um ouvinte, talvez, ansioso por ter de guardar tantas coisas na loucura sem oportunidade de as trazer à lucidez da conversa, da explicação. perguntei, as flores chamam o vento, e se o vento vier. e ele intervalou o movimento com uma falha no seu mundo e sorriu. veio ao de cima e sorriu. se o vento vier pode trazer algo ou, melhor ainda, pode levar. sentou-se ao pé de mim e viu-me os olhos abertos de pasmo. se o vento vier, repetiu, pode levar-me de volta ao meu país. um punhado de terra longe daqui, posto em lugar desconhecido onde só quem lá esteve pode estar certo de existir. e que país é esse, perguntei. um país que está no outro lado do vento, ao fundo do vento, que só com uma força impossível te faria lá chegar. é de uma coisa impossível que está à espera. sim, de uma coisa impossível, não acreditas. acredito que esteja à espera. não acreditas que aconteça. se é impossível.

o focinho de alecrim não hesitava em dizê-lo, que às flores andava o vento, à cata de perfumes para se tomar de prazer, e com flores se arriscavam as pessoas a voar. um raminho tão pequeno, dizia-lhe eu. com um raminho de tão poucos malmequeres, que vento viria, se os campos estão repletos de pólen, não seriam os campos um mais apetitoso roteiro, perguntava eu. e ele explicava que um osso do tamanho de uma casa não caberia nos olhos do cão, muito menos na boca, que um isco há-de ser coisa breve como um delicioso pitéu. arrisquei sorrir da sua loucura e não o contradisse. estava para as coisas sem nexo como o meu avô para as razões. era apenas um homem só. via propriedades falsas, coisas a dotar outras do que não tinham, motivo pelo qual esperava que se levantassem e voassem em redor e para longe, por ingenuidade de maluco. foi assim que vim, sem querer vir, com flores na mão e a força do vento apaixonada sem reparar que trazia mais do que o perfume no ar. assim vim, assim hei-de voltar.

se o focinho de alecrim chegara à nossa terra pelo vento impreciso que o fez voar, era coisa tão impossível que não teria acontecido. se ele, em verdade tão imbuído desse falso passado, muito desejava voar e partir para um país que inventara, isso era coisa para acontecer, porque se as coisas impossíveis não se passavam, as coisas impossíveis podiam ser inventadas. ele estava certo com tão grande desejo. ele é que estava certo. nunca o meu avô, que constantemente inchava os olhos da minha avó a troco de sonho nenhum.

ela esperava-me e procurava não me encarar para me aligeirar o coração. depois servia à mesa para iniciar a noite. não se queixaria com mais do que um beijo um segundo mais demorado na minha face. o meu avô não reparava e esperava naturalmente pelo jantar. perguntava pela obra, se acabava a tempo, que o doutor custódio silva andava de trás para a frente na praça a gabar a qualidade das casas que ali estava a construir. e depois, o meu avô, gozava com ele, que andava sempre todo aperaltado de vaidoso e ideias inovadoras e ridículas. onde já se viu, uma casa em cima de outra, sem quintal com valentia, sem ter o pé no chão. arre, esta gente ainda vai inventar de dormir nas nuvens. a minha avó recompunha a blusa, pegava no guardanapo para o colocar no colo e descia das nuvens para nos dizer bom apetite. o avô já ferrava uma coxa de frango, para sempre incapaz de descobrir a maldade da sua falta de maneiras. ele achava que a felicidade era viver assim e ter amizade com o fazedor de viúvas. a minha avó achava que a felicidade era ter o meu avô. o daniel achava que a felicidade era consumar o sexo com as mulheres. o focinho de alecrim achava que a felicidade era voltar a casa, ainda que não soubéssemos se vivia apenas numa loucura. eu achava que a felicidade era ressuscitar os meus pais. de todos, eu escolhera o significado mais difícil. tinha catorze anos e não poderia saber decidir.